デンマークの多様性教育

市川 桂 著

東信堂

はしがき

　日本において、イノベーションが起こらないのはどうしてだろうか。かつては、自動車や電子機器類など、世界に誇る技術がたしかにあった。しかし、今はどうだろうか。

　この原因の一端は、教育にあるのではないだろうか。学校では、子どもがそれぞれに持つ個性・多様性を均すべきデコボコと見なして均質化してしまっている。「出る杭は打たれる」、「雉も鳴かずば撃たれまい」といったことわざにも、他よりも抜きんでることを避け、静かに口をつぐんでいることを良しとする価値観が表れている。今や、社会が多様であることがイノベーションを生み出すひとつの要因であることは周知の事実であるにもかかわらず、である。

　日本で学力として扱われる子どもの能力についても、本来であればもっと早い時期に問い直すことが必要だったのではないか。成績がつけられる際や、学校間の接続の際にどのような能力が測られ、重視されているのかということを考えたときに、学力として規定される能力が非常に限定的だということに我々は気付いていたはずである。日本の学校教育における学力観に不足がなければ、産業界から学士力といった能力観はそもそも立ちあらわれてこない。どこかでボタンを掛け違えたまま、日本では教育改革が進められてきた。

　本書では、日本よりも国土も人口も小さな国・デンマークの教育に注目して、多様性を認め育むことを可能にしている学力と評価のあり方を研究している。九州くらいの面積（グリーンランドやフェロー諸島を除く）に東京都の半分くらいの人々が暮らしているデンマークは、ドイツなどの強国に囲まれながらも、独自の言語（デンマーク語）を維持し、家具などのデザイン産業で世界をリードしている。このことから、デンマークについて研究することは、これから人口縮減期を迎える日本が、中国やロシアの隣人として独立を維持

しながら生き残る道を模索するときの好事例となり得る。

　本書は研究課題として、多様性を認め育てる教育のあり方を明らかにすることを掲げ、特に何をどう評価するかということについて、次の2つのリサーチクエスチョンに分けてアプローチを行う。1つ目が、「何を」の部分、つまり、子どもたちが身につけるべき学力とは何か、ということである。そして、2つ目が、「どう評価するか」、つまりは子どもたちが身につけた学力の評価を誰がどのように行うか、ということである。

　この2つのリサーチクエスチョンについて、まず、第1章（本章）では関連する先行研究の整理を行いつつ社会的背景を概観し、本書が貢献できることを示した。

　第2章からは、デンマークを事例国として考察を行う。第2章では、デンマークにおける法律や歴史をひもとき、教育の目的から読み取れる学力観と評価観を明らかにする。

　次に、第3章では、義務教育修了試験のうち、特に英語の口頭試験を取り上げ、試験内容や授業実践を分析することで、教授および学習の方法と学力の測定方法を明らかにする。

　続く第4章は、語学系科目以外の義務教育修了試験の口頭試験である、数学に着目して考察する。第3章で見た英語とは異なり、グループ試験であることの意義を考える。

　そして、第5章においては、第3章および第4章で見てきた試験において評価を行うことができる教員の養成に焦点をあてて、評価リテラシーを高めるためのプロセスを明らかにする。

　第6章では、デンマークの自治領であるグリーンランドを事例として、デンマーク本国とは異なる状況および文脈におけるデンマーク型の教育について検討を加える。この分析を行うことで、デンマークの学力観と評価観の核となる考え方を浮き彫りにすることを目指す。デンマークにおける教育の核となるものが明らかになることで、本書の研究課題である「多様性を認め育

てる教育はいかにして可能か」という問いに対する答えのひとつが浮かび上がると考える。

　最後に、終章で本書の各章の要約を行うとともに、各章の成果から結論を導き出す。

　次の**図 0-1** は本書の構成を示したものである。

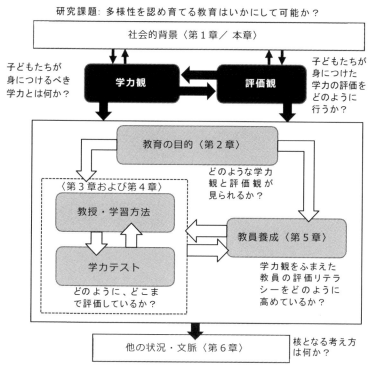

図 0-1　本書の構成と各章のリサーチクエスチョン

デンマークの教育──自立する個性と福祉社会の緊張

福田誠治

　北欧の教育に世界の注目が集まるのは、国際生徒調査 PISA（ピザ）の結果が公表された 2004 年 12 月上旬のことでした。今から 20 年前の話です。

　その教育を知りたいと思い、私は文献を探し始めました。当時は、今ほど情報はありませんでした。最も感動したのは、ちょうどその年の 12 月 1 日にデンマーク大使館が発行した『エクセレント　デンマーク・ラビング Vol.1』という、グラビア大判季刊誌です。なかでも「教育の意義を問う」という特集が、絶好の入門書になりました。

　写真では 40 歳ほどに見えるオーデンセ市議会「子ども・青少年委員会」のセーアン・トアセーヤ議員への質疑は、次のようなものでした。教育学者のような見事な回答です。

　問「中学生になる時点での学習課題は何ですか」
　議員「『学ぶ事を学ぶ』ということです。……7 年生になると自分が進むべき道について進路プランが決まり、先生は生徒に何をやりたいか聞くことから始まります。例えば、『数学の博士になりたい……』と言ったとしますと、博士になるにはどういった教育が必要か、又資格は、教育機関は？など教師と一緒にプランを立てます。その計画は、ある時から動機付けに変わり、"頑張らなきゃいけない"という気持ちが明確になるのです。20 人の生徒がいれば、20 通りのプランを立てます。これは子供が持っている権利なのです。」
　問「こうしたデンマーク教育方針の良い面と、逆に悪い面があるとすれば、どのような面ですか。」

議員「学力面だけを見ると世界で一番レベルが低いかもしれない。例え
　　ば、デンマーク国王の名前を答えなさいと言えば、おそらく10人中
　　9人は分からないかもしれません。しかし、全員がどうすればその情
　　報を得られるかを知っています。必要な知識を手に入れる能力は優れ
　　ています。つまり、学業が優れているのではなく、人間として豊かな
　　のです。」

　職業学校（高校相当）で資格を取るか、普通科高校で大学入学資格を取るか
を決めるのは、テストの評価です。9年生で行われるテスト科目は、デンマー
ク語と英語、ドイツ語、数学です。デンマーク語は口頭試験と筆記試験、英
語とドイツ語は口頭試験のみとなっていました。

　10年生で行われるテスト科目は、それら4教科のすべてが口頭試験と筆
記試験になり、口頭試験のレベルがずっと高くなります。さらに、科学の筆
記試験が加わります。普通科高校では、11年生と12年生は、国家試験を受
けて大学進学資格（バカロレア・ディプロマ相当）を取得します。

　生徒たちは、自分の将来について、しっかりした意見を持っています。『エ
クセレント　デンマーク・ラビング Vol.1』には、10年生の生徒の意見も紹
介されています。モーテン・ピーターセン（15歳、男）、サラ・ニルセン（16歳、
女）、サーラ・ラマヒ（16歳、女）たち「オーデンセの10年生（15〜17歳）」5人
が語った座談会の抜き書きは、次のようです。

サラ「そうね、確かに小さい頃から自立、自分を出すということを学ん
　　でいると思うわ。それに、自分の意見を先頭に立って言うことにとて
　　も慣れている。」
サーラ「それは学校に行きたいと思える意欲にも繋がっていると思うわ。
　　学校で自分の意見を皆に伝えるというのは楽しいもの。」
サラ「自分の意見を持つということに年齢は関係ないわよね。毎日テレ

ビやラジオや新聞からいろいろな情報が入ってくるし、何歳の子供で
あってもそれらの影響は受けるもの。例えばイラクの問題、アメリカ
の大統領選挙、今回のデンマークの選挙でも子供は子供なりの意見を
持ってるし、意見だけでなくて、姿勢というものを子供でも持ってい
ると思わない？私は一年生の頃から持っていたと思うけど……。」

モーテン「生まれた時からだよ。それと両親のバックアップもあるんじゃ
ないかな？家庭環境が大きいと思う。」

サーラ「私たちが政治に対して関心が高いのは、これも授業にも関わっ
ているからかも。社会科の授業では必ず政治問題が入ってきます。教
科の一つとしての授業ではなくて、国民の一人として学んでいる授業
だったから、その授業を受けてから政治への興味がすごく湧いてくる
ようになったわ。」

サラ「両親も学校と同じように私を教育してると思うわ。生まれた時か
らかな？小さい時から私はテレビを見てもその印象に対して自分の意
見を持つように言われてきたから、今は周りを見て自分はどうなのだ
ろうと考えられるようになったんだと思う。」

モーテン「僕も生まれた時から自分で自分のことを決めるということに
慣れてるよ。」

　私は、2005 年から年 2 〜 3 回のペースでフィンランドの学校に通い始め
ました。中学卒業までは取り立てて試験対策のない、教科書以上のことを教
えてもよく教科書通りに教えなくてもよい教育を観察してみると、机に向
かって教科書を開きノートに問題を解いている姿はまるで日本のようでした。
しかし、一人ひとりがマイペースで課題をやり遂げれば後は何をしても良く、
他人の邪魔さえしなければ自由なものです。これは、学級崩壊かと目を疑っ
たものです。新自由主義は、フィンランドでは「小さな政府」「地方分権」と
解釈されて、中間管理を削減して、極力学校現場の権限を大きくするように
動いていました。

　2005 年に翌年予定の調査の打ち合わせで初めてデンマークまで足を伸ばしたのです。コペンハーゲンの教員組合本部を訪ねると、この間の選挙で自由党に敗れたので、「政府に賛成するのが民主主義だ」と言い出すではありませんか。

　そこで翌 2006 年には、日本からの調査団はオーデンセ市を訪問して『エクセレント　デンマーク・ラビング』で紹介されている学校を訪ねることにしました。ところが、いざ現地に行ってオーデンセ市教育委員会を表敬訪問すると、「つい最近の市議会議員選挙で、政権交代したのでセーアン・トアセーヤ議員は委員長でなくなった」と言われる始末です。現地の学校調査は、この年だけの単発的なものになりました。

　デンマークの新自由主義は、国家統一学力テストへと動きました。しかし、デンマーク教員組合は、「コンピュータ利用のテストでは、子どもたちの本当の能力が測定できない」として 10 年越しの抵抗運動を続けたのです。抵抗だけではなく、もっと良く評価できる方法を政府と学校の教員が開発したと言うべきでしょう。

　ちょうど 2005 年 5 月 27 日には、シモーヌ・ライチェンが「キー・コンピテンシー」最終版、いわゆる『コンピテンシーの定義と選択—エグゼクティブ・サマリー』をネットに電撃的に公表します。詳しくは、拙著『キー・コンピテンシーと PISA』(東信堂、2022 年) を参照ください。

　中学生たちの進学コースを決めることになる基礎教育学校卒業テスト、いわゆる「全国統一標準テスト」が始まるのは、2012 年 5 月上旬のことでした。私は、知人のつてをたどりこの年から毎年デンマークの学校調査に出かけ、偶然にもある学校でテストに遭遇します。なんともおおらかな風景で、写真のように、一日 1 科目、4 時間ぶっ続けのネット利用テスト (IBT) でした。日頃勉強したノートや公式集持ち込みで、おやつを食べながら中学 3 年生が必死に格闘していました。枕まで持ってきたり、赤ちゃん布団を抱いている 16 歳もいました。ただ校長先生の知り合いだという私がテスト会場で写真を撮ったり、校長先生に質問したりできたのも、とても日本では考えられませんね。

写真 0-1　テスト会場の様子

（福田誠治撮影）

　簡単に言えば、日本式の「学力」と、世界標準の「能力」もしくは「コンピテンス」とはまるで違うわけです。テストは不自然に孤立した静寂な環境ではなく、現実の社会で能力を使う場面で発揮できる力と考えられているようです。

　2010 年代には、デンマークの中学校は世界一の ICT 普及率を成し遂げていました。さらに、日常評価、個人面接やグループ討論など、多様な評価と、全国統一テストの結果と総合されて進路や、進学先が決まるようです。さらに、2012 年以後も、実施しながらもっと良い方法に修正し続けているわけです。こうして作り上げた歴史的なテストを、本書で市川桂さんが研究したことになります。

　私は、2013、2014 年と現地調査を続け、この経験があって、2016 年にはデンマークのすべての教員養成大学にコンソーシアムを結成してもらい、都

留文科大学と交換留学協定を締結する運びとなりました。2017 年からは国際教育学科 2 年生の希望者全員が北欧で生活する半年の交換留学が始まります。市川桂先生には特任教員になっていただき、受け入れ留学生への授業や、教育実習指導、日本の学校訪問・体験学習の指導をしていただきました。さらに、ボローニャ・プロセスのエラスムス事業としてデンマークの大学に出張して 1 週間にわたって集中講義もしていただきました。日本人研究者として初めての貴重な成果が、こうして出版されることは喜びの限りです。

元都留文科大学学長、前都留文科大学理事長　福田誠治

目次／デンマークの多様性教育

xiv

図表一覧

デンマークの多様性教育

第1章　本研究の課題と独創性

　デンマークでは、日本やアメリカと同様に全国学力テストが導入および実施されている。しかし、それらの国とは異なり、学力テストの結果は学校の序列化を招かず、各学校での教育改善に生かされていると言われている。教育における学力テストの位置付けとともに注目すべきは、9年生対象の義務教育修了試験が口頭試験を含めて行われているということである。子どもが義務教育の中で身につけるべき力として、他者とのコミュニケーションを通じて自らの考えを深めていくことを掲げ、解答がひとつではない課題に取り組む能力を測定するという実践は、これからの社会における学力テストのあり方をどのように考えるのかということについての指針となり得る。

　本書は、学力を含む子ども自身の多様性を認め育てる教育はいかにして可能かということを検討するものである。特に、何についてどのように評価するかということについて、デンマークの実践から探るものである。(1) 教育の目的、(2) 教授および学習の方法と学習成果の測定方法としての学力テスト、(3) 教員の役割の3つの側面から実態を解明し、「何について (学力観) どのように評価するか (評価観)」、考察を行う。

1. 着想に至った経緯および研究課題

　本書は、これまでに筆者が継続して行ってきた学力テスト政策研究とスタンダード研究をもとに構想したものである。これまでの一連の研究において、アメリカをはじめとした世界各国における学力測定は、多肢選択式などの筆

記試験の実施が前提となっていることがわかった。このような形式のテスト
によって何を測定するのか、子どもがどのような能力を身につけることを教
育の目的とするのか、各国で学力テスト政策に差異があるのはなぜか、とい
う疑問が研究を進める中で生じてきた。そうした問いについて考える中で、
デンマークでは日米とは大きく異なる実践が行われていることを知る機会が
あり、デンマークでの取り組みやその背景にある理念を研究することで、ア
メリカや、アメリカを参照することの多い日本とは異なる学力観や評価観を
明らかにできるのではないかと考えた。

　本書の研究課題である「多様性を認め育てる教育はいかにして可能か」と
いう問いは、多肢選択式に加えて記述問題を導入するという学力テスト開発
を超えて、現代社会を生きるために必要な能力を育成し評価するためには、
学力および評価のとらえ方としてどのようなパラダイム転換があり得るのか、
問うことでもある。この研究課題に対して、次のようなアプローチをとるこ
ととする。学力観および評価観について (1) 教育の目的、(2) 教授および学習
の方法と学習成果の測定方法としての学力テスト、(3) 教員に求められる役
割、の 3 つの観点からデンマークにおける事例を考察し明らかにする。

　　【観点 1：教育の目的】義務教育学校に関する法律であるフォルケスコー
　　　レ法の条文を考察することによって、学力観と評価観に大きく関係し
　　　ている教育の目的が明らかにできるのではないか。

　　【観点 2：教授学習の方法と学力テスト】デンマークの義務教育学校にお
　　　ける授業は、子ども同士および子どもと教員のディスカッションをメ
　　　インに子どもの個性や学習能力に合わせて進められる。9 年生の終わ
　　　りに実施されている義務教育修了試験は、口頭試験が実施されるとい
　　　う際立った特徴を持つ（千葉, 2009: 119- 121）。試験官とのディスカッショ
　　　ンによって、テスト問題について考えを深めて発言するというプロセ
　　　スを含めて学力を測定する方法には、デンマーク独自の学力観や評価
　　　観が反映されているのではないか。

　　【観点 3：教員に求められる役割】教え方や教科書・教材の選定は各学校

に一任されており、そのもとで、授業の進め方には子どもが主体的に考え、互いに協力しながら学習するという相互学習が採用されている（野村, 2010: 118）。その中で、教員は支援的な役割が期待されており、ティーチャー（教える人）ではなくファシリテーター（進行役／船長の役割）と見なされることが一般的である。

　教員養成課程の目標においても、子どもが育つことを助ける学びの支援者としての教員の役割を見出すことができる。①教科および教育学に関する理論、授業方法に関する実践的基礎を習得すること、という目標に加えて、②理論面や実践面で協働できるように、また授業の計画、実施、評価が行なえるようにすること、が挙げられている。また、③教科的側面を含む課題研究や協働を通して、教育責任を発揮し合うことや、④子どもや大人の学習に関わる取り組みに高い参加意欲を持ち、喜びを見出すことができることが明記されている（1998年行政命令82号）。教員の役割や前提となる教員養成のプロセスを分析することで、その背景にある学力観と評価観が明らかになるのではないか。

　本書では、能力について、認知能力および非認知能力を含むものとし、学力については「学校教育を通じて育成される能力」と定義する。これは、能力というものを考えたときに、認知能力と非認知能力が不可分だと考えられるからである。図1-1は、認知能力と非認知能力についての概略図である。どのような方向にも拡張や拡大が可能であることを示すために、それぞれの境界線を破線およびハンドライティングであらわしている。

　認知能力には、読解力や計算能力、語学力などを分類することができる。非認知能力には、意欲や思いやり、コミュニケーション能力などが当てはまるだろう。認知能力と非認知能力は、互いに影響し合う。認知能力と非認知能力がオーバーラップするところには、思考力や判断力、表現力を分類している。現在、認知能力の部分は学力テストによって測られている。オーバーラップしているところに位置する能力を測るためのテストは、海外では長い歴史を持つものもあるが、日本においては開発が進行中である。

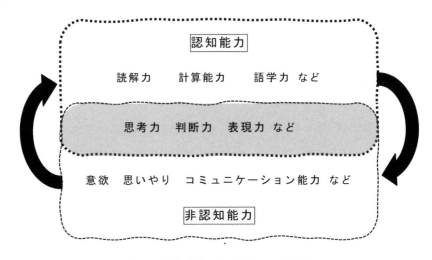

図1-1 認知能力と非認知能力の概略図

　筆者はこれまでの研究（齋藤、2012年；市川、2018年；市川、2019年）において、学力測定の多くが多肢選択式テストを通じて実施されていることを明らかにしてきた。このような形式の試験によって何を測定するのかということや、子どもにどのような能力を身につけることを教育の目的とするのか、そして、各国で学力テスト政策に差異があるのはなぜか、という疑問が研究を進める中で生じてきた。

　デンマークでは、日本と同様にPISAショック[1]を経て、2010年に全国学力テストが導入および実施されている。しかし、学力テストの結果は学校の序列化とならず、各学校での教育改善に活かされている。中でも注目すべきは、義務教育修了学年である9年生対象の学力テストが口頭試験を含めて多面的に行われているということである。子どもが義務教育の中で身につけるべき力として、他者とのコミュニケーションを通じて自らの考えを深めていくことを掲げ、解答がひとつではない課題に取り組む能力を測定するという取り組みは、これからの社会における教育をどのように考えるのかということについての指針となり得る。

　そのため、学力のとらえ方と評価の方法について、根本的には多様性を認め育てる教育について検討するために、学力や評価について他国とは一線を画する形で実践しているデンマークの事例を研究することが重要であると考え、本研究を着想するに至った。

2.　先行研究の検討

(1) 本研究と関連する先行研究

　本書と関連した先行研究として、蓄積が多いのは、言語教育において実施されている口頭試験を扱った論文である。例えば、ライネルト (2011)、根岸 (2015) や西 (2016)、渡嘉敷 (2016) などが挙げられる。これらの研究から読み取れるのは、言語教育の中でも、外国語教育における会話能力を測定することが重視されているということである。デンマークの義務教育修了試験においても、外国語 (英語) の口頭試験が行われている。しかし、前述の先行研究はいずれも、義務教育段階の子どもを対象としたものではない。さらに、デンマークでは数学や理科、体育などについても口頭試験が行われてきた歴史がある。言語教育以外についても、口頭試験に着目することに意義がある。

　医学分野の先行研究に目を向けると、海外諸国の医学部における教育では、評価の中に口頭試験も含まれており、わが国の医学教育の参考になることが提案されている。奈良らによるドイツを事例とした論文 (奈良・鈴木, 2014)[8] とハンガリーの医学教育に関する論文 (奈良ほか, 2017) が代表的な研究例である。海外の事例を検討しているところは本研究と共通しているが、これらの研究は大学の専門教育を扱っているところが大きく異なる。高等教育段階になると、医学系でなくても、例えば卒業論文の口頭試問などが日本でも広く実施されている。知識を習得しているかどうかを見るために、教員と学生が対面で問答を行うという評価のあり方が有効であることは先行研究で明らかにされている。しかし、義務教育段階で他者との協働を通じて問題解決をはかるデンマークの義務教育修了試験の特殊性は際立っている。

　上記のほかに、本研究と類似しているものとして、論述試験を扱ったものが挙げられる。論述試験は、実施形式が口述ではなく記述するものであるため、測りたい能力像が完全に一致するわけではない。しかし、多肢選択式では測れない能力を見るためのものであるということは共通していると言える。河野 (2019) による論文や、細尾ら (2020) による著書など、フランスのバカロレアが論述試験の代表例となっている。バカロレアは、後期中等教育 (高等学校) の修了試験にあたるため、対象の生徒はほとんどが 18 才である。フランスの義務教育は 16 歳までであるので、やはりこれまでに挙げた先行研究と同じく、本研究と比べて研究対象である年齢層が高い。また、試験では生徒一人ひとりが個別に取り組むため、グループで取り組むことができるデンマークの口頭試験を研究する意義をここに見出すことができる。

　義務教育修了時のテストを扱った研究には、イギリスの GCSE (General Certificate of Secondary Education; 中等教育資格試験) を題材にしたものが多い。テスト問題を分析することで、義務教育において育成が目指されている学力を検討した、竹中 (2010) は本研究と目的意識や研究方法の一部が重なっている。だが、歴史の筆記試験にのみ焦点化している点で本研究とは異なる。そして、生徒が学校教育で身につけた知識やスキルをより早く適用したり活用したりすることが個別に測定されているところは、フランスのバカロレアと同様に、デンマークの口頭試験とは違っている。

　評価観や学力観について分析した研究は膨大な蓄積がある。澤野 (2007) による「北欧諸国の学力政策—平等 (equity) と質 (quality) の保障を目指して」や、松下 (2010) による『〈新しい能力〉は教育を変えるか—学力・リテラシー・コンピテンシー』、グリフィンら (2014) による『21 世紀型スキル—学びと評価の新たなかたち』、石井 (2015) の『今求められる学力と学びとは—コンピテンシー・ベースのカリキュラムの光と影』、国立教育政策研究所編 (2016)『資質・能力 [理論編]』、白井 (2020) がまとめた『OECD Education 2030 プロジェクトが描く教育の未来—エージェンシー、資質・能力とカリキュラム』、松下 (2021)『対話型論証による学びのデザイン—学校で身につけてほしいたった一つの

こと』、小塩 (2021) が取りまとめた『非認知能力―概念・測定と教育の可能性』など、枚挙にいとまがない。しかし、具体的な事例を取り上げながら、従来とは異なる学力観や評価観について考察した研究は手薄である。

石井 (2011 年) による『現代アメリカにおける学力形成論の展開』では、アメリカのスタンダードに基づく改革によって推進されている学力テスト対策の「詰め込み」教育とは一線を画す、学力形成論における新たな展開である「教育目標の分類学 (タキソノミー)」や「真正の評価」論などの、より高次の学力形成を目指す理論と実践が考察されている。ペーパーテスト主導の評価観へのアンチテーゼとしてアメリカを中心に実施されている「真正の評価」は、本書の問題意識と根を同じくするものである。また、遠藤 (2003 年) が「G. ウィギンズの教育評価論における『真正性』概念―『真正の評価』論に対する批判を踏まえて―」で論じたように、「真正の評価」は大人が現実問題で直面するような課題に取り組ませる中で評価することを志向している。しかしながら、アメリカではアカウンタビリティの名目によって、子どもの学力を限定的にとらえることが通例となっている。

一方、本書で取り上げているデンマークは、アメリカと同様に学力テストを行っているものの、ハイステイクスな性質はなく、教員による観察および対話に基づく評価が子どもの学びを測定する重要な鍵になっている。デンマーク人研究者の Wandall (2013) による研究では、学力テストの目的は子どもの学びを測定し、教育改善のためにその結果を用いているという結論にとどまっている。そして、国レベルで実際に行われている「真正の評価」について論じた研究は管見の限り存在しない。

もちろん、デンマークの教育を事例にした著書および論文はすでに多数発表されている。児玉珠美『デンマークの教育を支える「声の文化」:オラリティに根ざした教育理念』新評論、2016 年、谷雅泰・青木真理編著『転換期と向き合うデンマークの教育』ひとなる書房、2017 年、北欧教育研究会編『北欧の教育最前線―市民社会をつくる子育てと学び』明石書店、2021年、マルクス・ベルンセン『生のための授業:自信に満ちた子どもを育てるデンマーク最高

の教師たち』などでは、教育実践の事例も取り上げられている。ただ、デンマークの学力テストに焦点を当てた著書および論文は、デンマーク語で発表されている研究さえも、ほとんどないのが実状である。ダグビャールらによる論文 (Daugbjerg *et al*, 2018) がかろうじて見つかる程度である。

ダグビャールらの論文は、2016 年の春に試験的に実施された、総合科学の口頭試験に協力した有志の教員とクラスを研究対象にしている。化学や物理などの科目別に口頭試験を行うのではなく、総合科学という学際的な教科にして実施する場合に、口頭試験を担当する教員が課題として挙げたことがまとめられている。肯定的な意見がある一方で、専門外の科目についての教科知識が不足していることを主たる理由として、授業内容が十分でないことやテスト問題の作成に不備があるのではないかと不安であることが挙げられている。新たな枠組みで試験を実施する際には、制度的および組織的な支援が必要であることが示され、生徒を評価するに足る前提条件を整えることが不可欠であると述べられている。

多様性を育てる教育はいかにして可能かという問いのもとで、学力観と評価観に焦点をあてる本研究とは、フォーカスおよびスコープが大きく異なっているのである。

上述の先行研究からもわかるように、デンマーク独特の学力観や評価観を知る上では、教員について研究することが欠かせない。そのため、実践的に評価観や学力観が展開および育成されている教員養成課程に着目することが重要である。残念ながら、デンマークの教員養成課程についての研究も、まだ蓄積が少ない。田邊 (2005) と、寺田 (2011) において、教員養成の概要が触れられているだけにとどまっている。教員養成課程において、どのような力を身につけることが教員に望まれているかということや、どのようにして能力形成をしているかということを明らかにする必要がある。

以上に加えて、本書で焦点を当てる義務教育修了試験におけるグループでの口頭試験の背景にある学力観では、テスト時に生徒個人が身につけた知識を再現することにとどまらず、社会の中で発揮される能力を重視してい

ると考えられる。この点については、ヴィゴツキーが提唱した ZPD（Zone of Proximal Development；発達の最近接領域）の部分を含めて測定しているものと仮定して考察を行う。

　ZPD については後述するが、子ども一人だけでは解けなくとも、仲間との協働によって解けた課題についても「できる」と見なすことが特徴である。この ZPD についての先行研究のひとつ、平田による論文(2008)では、学習可能性を評価することの重要性が述べられている。本書では、デンマークにおいて ZPD の概念を評価に用いていることを示したい。

(2) 能力をどのようにとらえるか──一般的な学力テストによる測定に対する批判

　日本においては、中学校や高等学校の試験期間が近づくと、暗記に役立つペンとシートや単語カードを手にした生徒を電車やバスの中で見かける。期末試験をはじめとしたテストを受ける際には、生徒は教科書やノートをテスト用紙配布前に片付けなくてはならない。試験中に近くの席の生徒と相談することなど、もってのほかである。テストにおいては、教員が授業で教えた事項を覚えていること、そしてその記憶を解答用紙上に正確に再現することが求められる。

　このような学力テストによる生徒の能力測定について、ヴィゴツキーは次のように批判している。

　　(略) 子どもが単独で (筆者注：元々の翻訳では「自主的に」)、他人の助けなしに、提示なしに、誘導的質問なしに解いたテストの解答だけが、知的発達を評価するさいに考慮されるのです。
　　しかし、このような見解は、研究が示しているように、根拠のあるものではありません (ヴィゴツキー, 2003: 17)[2]。

　上で筆者注を付けた「自主的に」という元々の翻訳について、改めてロシア語原典にあたった福田誠治によれば、「一人で」や「単独で」と訳すことが

より適切ということである[3]。引用した箇所の前後を確認しても、「協働で」と対になっている表現をあてることが妥当であると考えられるため、「単独で」と表記している。

デンマークの思想家、教育者、政治家、宗教家であるグルントヴィは、試験について、「年長者が、若者の経験の範囲では答えられず、ただ他人の言葉を繰り返すことで答とするにすぎないような質問で、若者を苦しめるもの」（グルントヴィ、2010 年、pp.14-15）であるとヴィゴツキーと同様に批判している。伝統的にデンマークにおいて筆記試験に価値がおかれていないことには、このグルントヴィの思想が大きく影響している。

グルントヴィは、教える立場と教えられる立場という優劣関係からは人間の生の自覚は生まれないとして、教員と子どもとの間の自由で対等な対話の重要性を説いた。現代のデンマークにおいても、学校では対話形式の授業が行われ、対話を通じた相互作用によって学びが成立すると考えられている。

デンマークの教育に影響を与えた人物として、グルントヴィと並び称されているのがコルである。コルは、「教育が真にめざすべきところは、デンマークの民衆が、物事を洞察するたしかさ、何かを意志する生と意欲と愛、そして、それを遂行する能力と自立性を各自の能力に応じて最高レベルで獲得することである」（コル、2007 年、p.135）と明言し、子どもが小さいときから自分自身の興味関心について考え、どのような学びが必要か選択できる力を育むことの重要性を論じた。

ヴィゴツキーやグルントヴィ、コルらが主張していることは、現代の日本においても示唆に富んでいる。その理由として、「新しい能力」論が世界的に展開していることが挙げられる。

(3)「新しい能力」論の展開

1990 年代以降、OECD（経済協力開発機構）が実施する国際学力調査である PISA（Programme for International Student Assessment、生徒の学習到達度調査）や、1997 年から開始された DeSeCo（Definitions and Selections of Competencies、コンピテンシー

の定義と選択）プロジェクトの推進によって、国の枠組みを超えた「新しい能力」の定義と測定、測定結果に基づいた国際比較が盛んに行われている。現代においては、知識を中心とした伝統的な認知能力だけではなく、対人関係能力、責任感や価値観といった個人の特性までをも含む能力を身につけることが世界共通の教育目標になっている。

　「新しい能力」がここまで広がったきっかけが、マクレランドによる Testing for competence rather than for "intelligence" (1973) という論文である。アメリカ国務省では一般教養や政治学などの筆記試験の結果に基づいて職員採用を行っていたが、職務を遂行する上では認知能力面以外の能力が重要であることをこの論文の中で明らかにしたのである。

　この「新しい能力」観は、日本の教育政策においても顕著にあらわれている。1996 年の文部省中央教育審議会答申『21 世紀を展望した我が国の教育の在り方について―子供に［生きる力］と［ゆとり］を―』で、義務教育段階での教育目標として、子どもが「生きる力」を身につけることができるようにすることが掲げられたことはその代表例である。「生きる力」とは、知・徳・体のバランスがとれた力のことで、知＝確かな学力、徳＝豊かな人間性、体＝たくましく健やかな体を指す。これまでの歴史で他に見られないほどのスピードで目まぐるしく変化している社会を生きていくためには、認知能力および非認知能力の育成が必要不可欠であることが示されている。

(4) DeSeCo によるコンピテンシーを中心とした能力観の検討

　2000 年代以降、日本では、国際学力調査の影響を受けて初等中等教育段階においてキー・コンピテンシー（OECD-DeSeCo、2003 年）やリテラシー（OECD-PISA、2000 ～ 2015 年）の育成が目指されている。ここでは、DeSeCo で展開された能力観を整理したい。なお、能力について、DeSeCo の諸レポートに見られる表記のコンピテンス（competence）およびその集合的な概念であるコンピテンシー（competencies）という語を用いる。

　DeSeCo は、既述のとおり Defining and Selecting Competencies: Theoretical and

Conceptual Foundations の頭文字をとったもので、その名前が示すとおり、「コンピテンシーの定義と選択」をするための会議体である。

　まず、DeSeCo では、個人が直面する複雑な課題を前提として、コンピテンシーという概念の機能的アプローチに焦点を当てている。複雑な課題やタスクに取り組んでいくためには、知識やスキルだけでなく、知識やスキルを適用あるいは活用するための戦略や手順、適切な態度や感情、そしてこれらを効果的に管理できる能力が必要になる。

　このように、コンピテンシーという概念は、認知的な要素だけでなく、動機づけといった社会面や倫理面、行動面に至るまでの要素を含んでいる。また、情緒の安定性、知識やスキルを含む学習成果、信念・価値体系、習慣、その他の心理的特徴も含まれる。この考え方では、基本的な読み・書き・計算能力は、多くのコンピテンシーの重要な構成要素となるスキルとして位置付けられる。

　一方で、知識という言葉は、学習・調査・観察・経験によって得られた事実または考えであり、学びの主体に理解された情報群を指す。また、スキルとは、知識を比較的簡単に使って、ある程度単純な作業を行うことができる能力を意味する。コンピテンスとスキルの境界線がやや曖昧であることはレポートにおいても指摘されているところである[4]。

　人類学者のグッディは、理論は常に実践の文脈で考えなければならないとして、キー・コンピテンシーを非文脈的に議論することを否定した。彼は、現代生活に必要な非常に一般的な資質があることを認識した上で、文化、社会的文脈、個人を横断できるレベルで、かつ、測定方法の開発に役立つレベルでキー・コンピテンシーを特定することの難しさに言及している。また、先進国に限定してしまうと、より大きな文脈で利用され、ネガティブで均質化された効果をもたらすに違いないと、注意を促している。

　グッディ以外の研究者によるレポートにおいて、共通して認められる頻度の高い能力は 1) リテラシー、2) 社会的能力、3) 思想・政治的能力である。1つ目のリテラシーは、伝統的に重んじられてきた読み・書き・計算をはじめ

とした能力である。2 つ目の社会的能力には、他者との協力関係を構築することや、対立関係の解決、合意形成などが含まれている。そして、民主主義を体現することや責任を果たすことが、3 つ目の思想・政治的能力にあたる。

　これまでの DeSeCo の議論で注目したい 1 点目は、コンピテンスはスキルと明確に分けがたい関係にあるということである。例えば、言語について考えてみよう。習得したある言語——ここでは英語とする——を用いて自分自身の考えを書くことはコンピテンスとスキル、どちらにあたるだろうか。日本語とは異なる文字であるアルファベットが書けることや、文法や語彙を身につけていることはスキルであると言える。しかし、文章を書いていく際には、内容に応じて段落を形成することや全体の構成を考えて書いていくこと、課題に沿って適切なまとめを行うことができるコンピテンスが不可欠である。

　このように、英語で文章を書いていくときにはコンピテンスとスキルが一体となっており、「自らの考えを表現したい」という意欲や興味・関心といった、言語とは別のコンピテンスも密接に関係している。

　ライチェンらは、能力について「単にリソースをもっているということではなく、そうしたリソースを、複雑な状況のもとでふさわしいときに適切に集めてきて、使いやすいように組み直すことができるということをも意味する」(Rychen and Salganik, 2003) と述べている。よって、本書で扱う事例において「能力」および「学力」と書くときには、コンピテンスとスキルの両方を含むものとする。

　2 点目は、能力には完成形が存在しない、ということである。このような能力に対するフロントエンド型のアプローチは、次の 2 つの前提に基づいている。1) 現在と将来の知識や、SDGs をはじめとしたグローバルな目標に見られる諸課題に関する知識は、基本的に不確実であることが特徴であり、それゆえに 2) どの時点においても、我々が知っていることは、網羅的で十分なものではありえない。

　このような背景から、学習のプロセスは、対象そのもの（例えばリスティナ

表1-1　DeSeCo計画の中で議論された能力の内容

DeSeCo 計画の流れ	レポート作成者 （専門分野）	提案された能力
コンピテンス再定義	ワイネルト （心理学）	• 母語での口頭および筆記能力 • 数学的能力 • 読解能力 • 少なくとも1つ以上の外国語能力 • メディアに関する能力 • 主体的な学習戦略
		• 社会的能力 • 豊かな発想力、批判的思考力、自己批判力
キー・コンピテンシーの選定	カント＝スペルベとデュピュイ（哲学）	• 複雑性への対処（パターンの認識） • 知覚的能力（関連／無関連の識別） • 規範的能力（与えられた目的に到達するために適切な手段を選択し、提供される様々な可能性を評価し、道徳的判断を下してそれを適用） • 協調的能力（他者と協力し、他者に信頼を寄せ、他者の役割を担う） • ナラティブな能力（人生で起こることを自分や他者に意味付ける、世界やその中での自分の現実的かつ望ましい位置を説明）
	ヘイスト（心理学）	• 変化する技術を社会的実践に適応させること • 曖昧さと多様性に対処すること • コミュニティとのつながりを見つけ維持すること • モチベーションと感情を管理すること • 道徳、責任、市民性に焦点を当てること
	ペルノー（社会学）	• 自分の資源、権利、限界を見極め、評価し、守ることができる • 個人でも集団でもプロジェクトを立案、実施し、戦略を立てることができる • 状況と関係を分析できる • 協力し、相乗効果を発揮し、リーダーシップを共有できる • 集団行動のための民主的組織とシステムを構築し運営できる • 対立を管理し解決できる • ルールを理解、適用、洗練させることができる • 文化差を超えた交渉上の合意を形成できる

	レヴィとマーナン (経済学)	• 読解力と数学的能力（道具としてだけでなく、生涯学習の基礎としての能力） • 口頭および筆記によるコミュニケーション能力 • 異なる社会集団の中で生産的に働く能力 • 心の知能指数と他者とうまく協力する関連能力 • 情報技術への習熟
	グッディ（人類学）	【非文脈的に議論することを否定】
検討および補足	リッジウェイ (社会学)	• 集団への参加と役割の遂行（他者受容能力、利害が対立する中で互いに納得のいく解決策を見出すための交渉力、集団を民主的に運営する力） • 自尊感情と感情のコントロール • コンピュータリテラシー

出典：Rychen and Salganik（2000）および Salganik, Rychen, Moser and Konstant（1999）をもとに筆者作成．

ビリティ）が何であるかという議論にも対応できる開かれたものとなる。そのため、省察的で社会的な学習プロセスや学際的な協働が重視されることになる。

　しかし、現行の教育評価は国語、算数・数学、理科の得点力に焦点化される傾向にあり、新しい能力観に対応した評価が模索されている状況であることが、松下の研究によって指摘されているところである。

　DeSeCo で議論されてきたような能力を身につけることが子どもに求められている現代において、子どもの能力の測定は筆記試験だけで足りるものではない。学習のプロセスや学際的な協働についても、評価の充実が行われるべきである。

(5) 能力観に沿った評価の可能性

　シュライヒャーは「生徒が教えられたことを学んだかどうかを調べるだけでなく、生徒が学んだことを創造的かつ批判的に活用できるかどうかを評価するものである」[5]と PISA の目的について語っているが、我々は、子どもの能力について知りたい部分を測定し、公正に評価できているのだろうか。

　「世界で最も幸福な国」として知られるデンマークにおいても、日本と同様、OECD が実施する国際学力調査である 2000 年の PISA の結果に影響を受けて教育改革が行われている。いわゆる PISA ショックによって、2010 年からは 16 歳までの義務教育期間中に全国学力テストを実施することが決められた。日本と大きく異なるのは、この学力テストの導入以前から、デンマークでは 9 年生を対象に口頭試験を主とした義務教育修了試験が実施されているという点である。学力の測定に関しては、梶田（1994 年）による「確かな学力」の氷山モデルで、思考力と関心・意欲はそれぞれ、見えにくい学力、ほとんど見えない学力に位置付けられている。また、スペンサーら（1993 年）による同心円モデルでは、中核に位置する性格的特性および動機は潜在的で測定や育成が困難であることが示されているが、デンマークの教育実践に光を当てれば、新たな学力のとらえ方が浮かび上がる可能性がある。

　デンマーク・オーフス大学の Wandall（2013 年）は、コントロールとアカウンタビリティを学力テストの結果の使途とし、分析することを学力テストの目的としているアメリカとは対照的に、デンマークは子どもの学びを測定することを学力テストの目的としており、教育改善のために結果を用いていることを明らかにしている。

　そこで、本書ではデンマークで行われている義務教育修了試験に焦点をあてて、教育実践の背後にある学力観および評価観について考察を行う。その成果として、多様性を育てる教育のあり方が明らかにできると考える。また、日本の学校における評価の実践に対して、示唆を得ることができる。

(6) 社会構成主義と能力観

　子どもの学びを評価する際に、背景的な理論としてよく用いられてきたのが、行動主義（behaviorism）、構成主義（constructivism）、社会構成主義（social constructivism）の 3 つである。

　行動主義に基づいた実践例としては、オペラント条件付けで有名な心理学者のスキナーが発展させたプログラム学習がある。小学校で用いられるドリ

ル教材や、受験者の回答パターンに応じた難易度の出題を行うコンピュータ適応テストなどは、行動主義の理論が反映されたものと言える。

　教育者が教育的意図をもって学習者を刺激し、学習者の反応が教育者にとって好ましいものであれば報酬を与えて行動を強化する、という行動主義モデルの前提として必要だったのが、学習者が反応しやすく、好ましい行動を定着させる学習環境であった。目標を細分化し、簡単な内容から少しずつ達成させるスモールステップや、即時フィードバックは学習環境の構成要素としてスキナーが提唱したものである。

　上記のような、行動だけに目を向ける行動主義を批判し、理解やとらえ方などの認知面まで評価しようとしたのが構成主義である。構成主義として位置付けられたピアジェらが提唱した学習理論は、1980年代のカリキュラム編成や教育実践に大きな影響を与えた。

　構成主義と、ヴィゴツキーらが唱えた発達理論が下敷きとなって発展したのが社会構成主義である。構成主義は孤立的学習モデル、つまり、学習は個人による個人のための営みであるという前提に立っているところが、学習は社会的な営みであるとする社会構成主義とは異なっている。しかし、学びは学習者の能動的な行為であるととらえられていることなど、共通する部分も多い。例えば、ブルーナーは、学習者が知識の基盤となるものを把握し、分野の境界を越えて総合的に学習する能力を育成する上で、学習環境、目的を持った共同体的活動、文化の共有と説明される社会的・協調的相互作用の重要性を強調している（Bruner, 1977年、p.xiv、1986年、p.127、1996年、p.22）。日本における教育実践との親和性も非常に高い考え方である。

　社会構成主義的な授業は、学習者が自分自身の知識を有機的に結合し、構築あるいは補強することにつながるように設計されている。学習者が新しい知識を吟味し、理解する準備が整っているかどうかを判断するために、教員は教室での対話をコントロールし、巧みな発問で学習者の考えを引き出すことが求められる。知識の構築および再構築に加え、協働を通じた社会的相互作用を促進し、学習者の道徳的発達を促すため、社会構成主義的な授業は非

認知面での発達においても重要である。学習者は、社会構成主義的な授業を通して共感や尊敬といった人格特性や態度、協力関係の構築などの対人関係能力を身につけることができる。

OECD による『知識基盤経済』(1996)[6] で提起された能力観と知識構築理論も、社会構成主義がベースとなっている。このレポートでは、事物を知りたいと考える者たちが探究しながら認識モデルを構築し、互いにモデルを使いながら正しいことを確認し、結論に納得するという一連の動きを生起させ、達成に導く力をコンピテンスと定義している。このコンピテンス論は、デューイが「知識の統一性」として述べている、知識は活動と不可分の統一体を成しているということとも部分的に一致する。ゴンチ(2003 年)もキー・コンピテンシーの議論の中で次のように論じている。

> 新しい学びの概念は、個人の認知的側面と同様に、感情や倫理、身体を考慮したものである。そして、現実の学びは行為の中で、行為を通じてのみ生成される。したがって、キー・コンピテンシーの学びは、判断力・決断力を生涯にわたり発達させられるであろう点において、現実世界への働きかけを通じてのみ生成することができる (ゴンチ, 2003: 120)。

ここまで概観してきた学びのとらえ方の諸相のうち、デューイとヴィゴツキーによる考えを図式化したものが、**図 1-2** および**図 1-3** である。

図 1-2 は、デューイが考える、能力を身につけるための学びや教育のあるべき姿を示している。個人というのは主体を指し、社会を客体と読みかえれば理解しやすい。デューイは、活動を通した連続性のある経験と、他者や対象となる事象との相互作用が子どもの成長に不可欠であることを主張している。

そして、ヴィゴツキーの教育観を図示したものが、図 1-3 である。ヴィゴツキーも、デューイと同じく活動概念、つまり、シンボルや記号、言語といった媒介を通じた相互作用を重視している。媒介項があることで、他の二項が

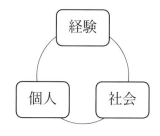

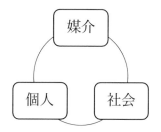

図 1-2　デューイによる三項関係　　**図 1-3　ヴィゴツキーによる三項関係**

主従関係と見なされることを防ぎ、媒介項を経た動的な関係が成立する。

　こういった三項関係を図示することでの教育観、能力観の表現は、DeSeCo のキー・コンピテンシーにおいても同様に見られる。

　図 1-4 は、DeSeCo における能力観として、キー・コンピテンシーの議論から最終的に編み出されたものである。数あるレポートの中で提案された能力から選び出したわけではなく、メタ能力[7]として 3 つのカテゴリーをキー・コンピテンシーとして定義している。この図の中では上部にある社会的に異質な人々で構成された集団の中で交流する能力とは、原典では Interact in heterogeneous groups[8]を指す。社会が多様化してきている中で、ソーシャルスキルを身につけることは必須である。良好な人間関係を結べる能力や、チームワーク、コンフリクトマネジメント能力などは、様々な背景を持った価値観が異なる人々と共生するためには欠かせない。

　左側にある自律的に行動する能力は、Act autonomously[9]を訳したものである。社会の中で生きる自分自身を認識した上で、変化する世の中をどのように生きていくか人生の目標を設定し、自分の人生に責任をとっていく行動をすることができる人を育てていくことが目指されている。

　そして、右側にあるツールをインタラクティブに使う能力は、Use tools interactively[10]のことである。ツールには、コンピュータの他に知識や言語も含まれる。このようなツールを使いこなし、目的に応じて使い分ける能力が求められている。インタラクティブという言葉がここに入っているのは、情

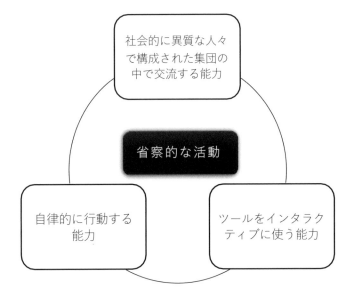

図1-4　DeSeCo によるキー・コンピテンシーの三項関係

報を受け取るだけでなく、発信することやツールを通じて他者と対話することを意図しているからである。

　図中で3項の中央に位置しているのが、省察的な活動（Reflectivity）である。Oxford English Dictionary で Reflectivity を引いてみても、"the degree to which a material reflects light or radiation" と出てくるだけである。この説明では、光や音、熱などの反射性や反射率を示す、物理学で使われるようなことばにしか見えない。立田（2006年）は「省みて考える力」（立田, 2006: 196）と訳しているが、筆者はこの語について、ショーン（2007年）が言う "Reflection-in-action" に影響を受けて Reflective「省察的な」と activity「活動」を合体させたライチェンによる造語ではないかと考えている。つまり、Reflectivity は、省察的な活動となる。活動と言っても、身体の動作を伴うものではなく、精神の活動である[11]。キーガン（1994年）が述べている、主体が自らを客体と見なして自分自身の行為や思考を調整および再調整し、知識やスキルを身につけていく発達論が下敷き

になっている（Rychen, 2003: 76）。

　ライチェンは別の箇所（Rychen, 2003: 77-80）で、Reflectivity について人と社会との動的な関係性を認識することや、学習者が自らの知識と行動指針を構築することへの期待を込めている、と説明している。省察的な活動は、3 つのカテゴリー（社会的に異質な人々で構成された集団の中で交流する能力、自律的に行動する能力、ツールをインタラクティブに使う能力）と同じ次元にある概念ではなく、これらのカテゴリーに共通した土台となっている。

　ここまで能力観について概観してきたが、注目すべきは、能力が関係性の中にあり、関係性の中で育まれる、動的なものであると見なされている点である。

(7) ヴィゴツキーとエンゲストロームによる学力観と評価観

　社会構成主義の生みの親であるヴィゴツキーが提唱した理論で広く知られているのが、ZPD（zone of proximal development、発達の最近接領域）である。前項で触れた、関係性の中にある能力、関係性の中で育まれる動的な能力というのは、ZPD として説明が可能である。

　マイケル・コールによるヴィゴツキーの理論を英訳した論文（1981 年）に基づいて日本語訳された著書によると、「自主的に解決される問題によって規定される子どもの現在の発達水準と、おとなに指導されたり自分よりも知的な仲間と協同したりして子どもが解く問題によって規定される可能的発達水準とのあいだのへだたり」（ヴィゴツキー , 2003: 63-64）と定義されている。

　ヴィゴツキーは活動の中で子ども同士が協力し合うこと（collaboration の意）で、子ども一人ひとりの発達がさらに促されることを主張しているのである。自分一人でできるところまであと少しの程度まで子どもが発達していることが前提であり、問題解決のためにはヒントや示唆を与える程度の助けか、子どもが主体的に取り組む協働が必要だとしている（ヴィゴツキー , 2003: 63-64）。この主張は、別の箇所で「協働の中で、指導があって、支援があればつねに、子どもは自分一人でする時よりも多くのことができ、そして困難な課題を解

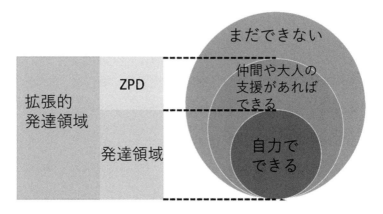

図1-5 ZPDとは何を指すか

出典：ヴィゴツキー『「発達の最近接領域」の理論―教授・学習過程における子どもの発達』土井捷三・神谷栄司訳、三学出版、2003年をもとに筆者作成.

決することができる」（ヴィゴツキー, 2001: 300）と説明されている。図示すると、**図1-5**のようになる。

　エンゲストロームが提唱した拡張的学習（expansive learning）においても、**図1-6**のように、「できるようになる」という動的な能力の変化に着目している。

　ヴィゴツキーが行った研究からエンゲストロームが深化させている点は、個人ではなく集団の活動に概念を拡げてとらえ直したことである。また、これまでの学習理論では、既成文化の獲得や既存制度への適応としてとらえられてきた学習を、「文化の転換と創造についてはほとんど語らない」（Engeström, 2016: 36）と批判し、学習者たちが集団の活動を通して課題を解決しシステムを再構成していくことの必要性を訴えたことは、学習者主体の学びが目指される現代において大きな影響を与えている。

　他にも、エンゲストロームは学校教育における学習活動の構造について、「この活動構造がもたらすのは、学校外の経験や認識から遮断された学校での学習のカプセル化である」（エンゲストローム, 2013: 146）と指摘している。学習のカプセル化には、評価のあり方が大きく関わっていると言える。それは、

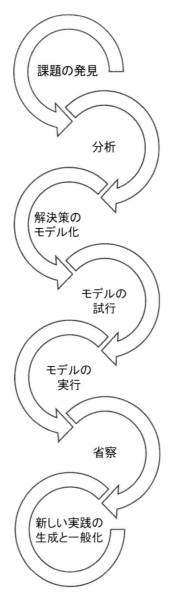

課題の発見

分析

解決策の
モデル化

モデルの
試行

モデルの
実行

省察

新しい実践の
生成と一般化

図 1-6　拡張的学習のモデル

出典：Engeström（2010）を参考に筆者作成.

評価方法として「死んだテクスト」が用いられ、そこで良い成績をとること
が子ども側の目標になっているからである。

　教育の営みは、知らなかったことを知っていく、できなかったことをでき
ることにしていく未来志向的な行為であるにもかかわらず、子どもの学力を
測定する際には、子どもが覚えたこと、あるいは一人で今できることに限っ
てはいないか。ヴィゴツキーが子どもに内化された知識のレベルを測定する
だけでは不十分であると批判した内容は、現代においても当てはまると言え
る。

3.　本書の独創性と社会的意義

　本書の独創性は、多様性を認め育てる教育と評価に着目していること、そ
して、このような教育と評価が実際に可能だということを、実例をあげて証
明しようとしていることである。具体的には、高度に複雑化した現代社会に
見られる、正解が1つだけではない問いについて、子どもが協働して問題解
決を図るプロセスの評価について取り上げて考察していく。この視座におい
ては、子ども一人ひとりがどれだけ知識を蓄積したかということではなく、
置かれた環境の中で人的資源と物的資源をいかに活用して行動できるかが重
視される。他者との関係構築力やコミュニケーション能力、協働的な知といっ
た、一般的な学力テストには組み込まれてこなかった知識やスキルを含めて
測定が可能であることを示す。事例として、デンマークの義務教育修了試験
において、ZPDを含め子どもの学力であるととらえて測定しているという
考察を行うことで、評価および学力に関する研究に新たな可能性と知見を加
えることができると考える。

　ドゥエック（2016年）は、拡張的知能観（growth mind set）について、人間の能
力は努力次第で伸ばすことができる、やればできると信じることが成功につ
ながる、と述べている。本書では、このような個人の内部における能力の拡
張だけではなく、個人の枠組みを超えた能力の拡張についてヴィゴツキーに

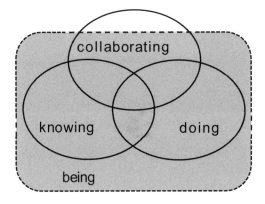

図1-7　本書における being（「できる」状態）のとらえ方

出典：松下（2016年）による「能力の入れ子構造」を参考に、筆者作成.

よる ZPD を理論的基礎にして検討する。

　図1-7 は、本書で子どもの「できる」状態（being）をどのようにとらえているかを示している。知識（knowing）と、知識と対をなす doing（例えば、体育の実技）、そこに協働（collaborating）すればできることが含まれているイメージである。協働することによって、一人だけではできなかったこともできるようになる。能力は、個人の枠を超越して、集団にも拡げ得る概念としてとらえることができる。

　他者との協働によってできるようになったことを含めて、子ども一人ひとりの評価を行うのは簡単なことではない。DeSeCo の議論の中で、オーツ（2003年）はコンピテンスについて、直接測定できないものであると指摘している。そのため、コンピテンスは多様な状況の中での要求に対応したパフォーマンスを観察することで推察しなければならない、と述べている。

　そこで、教員との対話を通じて自らの考えを深めていく試験や、様々な状況を考慮しながらグループで答えを模索していく試験を国家レベルの学力テストで実施しているデンマークに着目して研究していることが本書の独創性である。

　先行研究で困難であるとされる学力の育成と測定・評価に焦点をあててデンマークを先例として検討を試み、本研究の成果によって、デンマークにおける学力観および評価観を明らかにすることを通じて、日本における学力テストを教育実践および教員養成と一体化した仕組みに変えることが可能となる手がかりを得たい。そして、日本におけるアクティブ・ラーニングの導入とその評価方法についての検討が重ねられている中で、本書の成果が教育評価研究の蓄積となるところに学術的および社会的な意義が認められる。

注

1　OECD（経済協力開発機構）加盟国・地域が参加する、国際的な学習到達度調査である PISA（Programme for International Student Assessment）は、15 才の生徒を対象に 2000 年から 3 年ごとに実施されている。2021 年実施予定分は、コロナ禍を受けて延期された。第 2 回にあたる 2003 年の読解力、数学的リテラシー、科学的リテラシーの 3 分野の調査結果として示される順位が、初回と比べて低下したという報道に国民が衝撃を受けたことを PISA ショックと呼ぶ。

2　原文は 1935 年に出版されている。

3　福田（2021: 41-42）および 2022 年 2 月 27 日に実施したオンラインインタビューに基づく。

4　Rychen, D. S. and Salganik, L. H.（2000）. "Defining and selecting key competencies." INES General Assembly 2000, p.8, https://www.deseco.ch/bfs/deseco/en/index/02.parsys.69356.downloadList.26477.DownloadFile.tmp/2000.desecocontrib.inesg.a.pdf（2022/11/8 最終確認）.

5　Schleicher, A. and Costin, C. "The Challenges of widening participation in PISA," World Bank Blogs, November 27th, 2015. https://blogs. worldbank.org/education/ challenges-widening-participation-pisa（2022 /10/ 23 最終確認）.

6　主な執筆者であるランドヴァルはデンマーク人である。

7　接頭辞のメタは「高次の」という意味である。よって、メタ能力とは、様々な能力の源となる能力と解釈できる。

8　立田 による翻訳では「異質な集団との交流」（2006: 196）、福田は「社会的に異質な集団に参加し役割を果たすこと（社会）」（2022: 27）と訳出している。

9　立田（2006: 196）では、「自律的な行為」、福田（2022: 27）では「自律的かつリフレクティブに活動すること」と訳されている。

10　立田（2006: 196）は「対話への道具活用」、福田（2022: 27）は「道具を相互作用的に使用すること」と訳している。

11　本渡（2017: 99）においても、福田（2022: 26）でも、ロバート・キーガンの「精神的複雑さ（mental complexity）」が reflectivity の理論的基盤になっていることが指摘されている。

第2章　デンマークの教育制度

1.　教育制度の概要

　デンマークは 2014 年の国連世界幸福度調査で第一位になるなど、ウェルビーイング[1] 意識の高さとともに、国民が納める高額な税金によって支えられている高福祉国家としてよく知られている。人口は約 570 万人（2016 年）であり、2007 年に公的組織が再編成された後は、5 つの地域と 98 の地方自治体から構成されている国である。このとき、274 あった地方自治体が 98 にまで統合されたことによって、公立学校の規模が大きくなるなど、教育行政への影響も少なくなかった。

　デンマークの公教育システムは地方分権化されており、各地方自治体が公立の義務教育学校を監督し、私立学校は子ども教育省が管轄している。2017 年の移民法の改正後はヨーロッパで最も移民が入国しにくい国となったが、全就学者のおよそ 10％はトルコ、イラク、レバノンなどのバックグラウンドを持つ子どもで占められている[2]。

　図 2-1 はデンマークの学校系統を示したものである。就学前教育は 6 か月から 2 歳児を対象にした保育所と、3 歳から 5 歳児を対象にした幼稚園で実施される。義務教育年限は 10 年で、多くの子どもは 6 歳となった 8 月に義務教育学校の 0 学年クラスに就学して 9 学年で義務教育を終える。就学前教育の 1 年が義務教育に加わったのは、2009 年の 8 月のことである。義務教育学校には公立および私立があり、ホームスクーリングも認められている。約 8 割の子どもはフォルケスコーレと呼ばれる小中一貫校の公立学校に通う。

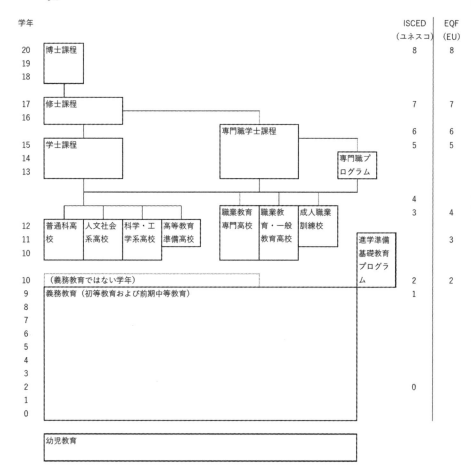

図 2-1　デンマークの学校系統図

出典：デンマーク高等教育科学省「デンマークの教育制度（The Danish education system）」https://ufm.dk/en/education/the-danish-education-system（2022/11/05 最終確認）.

表 2-1　教育の普及状況

教育段階	粗就学率	男	女
就学前教育	95.8%	96.3%	95.3%
初等教育	101.8%	102.4%	101.2%
中等教育	129.1%	127.3%	131.1%
高等教育	81.1%	68.9%	94.0%

UNESCO (2016) をもとに筆者作成.

　中等教育段階と高等教育段階の間にはギャップイヤーとして 10 学年が設置されており、教育の普及状況は**表 2-1** のとおりである。

　2016 年の UNESCO のデータによると、初等教育および中等教育への子どもの在籍率は 100％を超えている。これは、通常の年齢よりも早いまたは遅い入学や留年などの理由による在籍者を含むためである。高等教育段階になると、在籍者の年齢のばらつきはさらに大きくなる傾向にある。デンマークは高等教育も無償であり、図 2-1 の中では描かれていない、単位や学位を出さない全寮制のフォルケホイスコーレ[3]の存在によって、生涯学習社会が実現されている。

2.　法律から読み取るデンマークの学力観と評価観

　義務教育学校の目的は、フォルケスコーレ（義務教育学校）法から読み取ることができる。義務教育学校における教育の目的について書かれた条文は、歴史的変遷を経て 2006 年に現在の形になっている。

　第 1 条第 1 項には、「学校は、父母と協力して、子どもが進学してもっと学びたいと思い、デンマークの文化と歴史に親しみ、他の国や文化を理解し、人間と自然との相互作用についての理解に貢献するような知識とスキルを与えなければならない。また、子ども個人の多様な才能を引き出さなければならない」ことと記されている。デンマークの教育で目指されているのは、知

識とスキルを身につけることと、子ども一人ひとりの様々な才能を引き出すこと（den enkelte elevs alsidige udvikling; the versatile development of each student）である。

　子ども一人ひとりの中に眠っている良いところや才能を引き出す、という概念は、教育の原語である educatio（ラテン語で、指示や指導の原理の意）と一致している。この動詞形 educāre (educate) は、「取り出す (take out)」または「外にさらす (externalize)」という意味であり、外に出すことを示す接頭辞の ex- と「導く (conduce)」動作を示す

ducĕre から構成されている。個人の知的・文化的な成長を促すと同時に、新しい概念やスキルの習得を促すという明確な理念が表現されている。

　第 1 条第 1 項の内容から、さらに教育の目的をクローズアップしているの

写真 2-1　ドイツ語の単語をゲームを通じて覚えている様子

（デンマーク・コペンハーゲン郊外の小規模校、2022 年 9 月筆者撮影）

が第 2 項である。「学校は、子どもが認識力と想像力を養い、自らの可能性とバックグラウンドに自信を持って一歩踏み出し行動に移れるよう、活動方法を開発し、経験や没頭すること、および働く意欲を高めるための枠組みをつくらなければならない。」近年の教育政策と改革によって、子どもの学びが学校教育において焦点化されていることがよく表れている箇所である。そして、没頭することについて言及されている点にも注目したい。子どもが学びに夢中になったり、熱中したりする仕組みを作ることが学校やその構成者である教員に明確に求められている。

　人は、ある物事がわからない状態であるとき、それを何らかの形で外部から知らされなければ、わからない状態、知らない状態であることに気づかない。わからないこと、知らないことに気づいてから、どのように考えればいいのか思考し、他者との対話をはじめとした経験や活動と結びつけながら知識を増やしていく。こうして知の地平を広げていく学びという行為は、本来とても楽しく夢中になれるものである。

　歴史をさかのぼれば、デンマークにおいても、他の西欧諸国と同じようにキリスト教会が学びの場であり、子どもにキリスト教的価値観を身につけさせることが教育の目的であった。教育の目的条項に示される理念や理想とされる教育は変化してきたものの、1537 年の宗教改革および教会令の制定から 1975 年の教育改革に至るまで、学校教育はキリスト教的価値観に基づいており、学校は子どもをよいキリスト者にするために教育する場であった。

　1958 年に改正されたフォルケスコーレ法をみると、学校教育には、知識を与えることと、キリスト教的価値観の形成を促進することという 2 つの目的があったことがよくわかる。「学校の目的は、子どもの適性と能力を促進・発展させ、その人格を強化し、有用な知識を与えることである。学校におけるキリスト教の教えは、福音ルーテル教会の教えに従ったものでなければならない。」

　このとき教育大臣だったヨルゲン・ヨルゲンセンは、学校が完全に世俗化し、子どもに知識だけを与える場になることを危惧していた。このことは、

彼が前の任期中に制定した1941年の「義務教育学校における教育の目的に関する法律」の中で、「学校は、子どもの倫理的・キリスト教的価値観を発展させ、強化し、人間の生命と自然への敬愛、家族と国民と国家への愛、他者の意見の尊重、民族間の共同体意識、他の北欧諸国民との結束を与えるべきである」という記述からも読み取ることができる。1941年の当時、デンマークはナチス・ドイツに占領されており、共同体意識や結束という言葉にドイツによる統治の影が見られる。

　前段で取り上げた1958年のフォルケスコーレ法の抜粋箇所だけではわからないことであるが、デンマーク国内ではドイツ統治下の時代から民主主義を教育の目的にし、学校の新しい教育的価値観にしようとする動きがあった。第二次世界大戦後は、国民がヒトラーによる統治を不本意ながら受け入れて

写真 2-2　小学校の授業でグループ発表している様子

（デンマーク・オールボー市、2019年3月筆者撮影）

いたという反省から、子どもを民主的な市民として育成するための教育が目指されたのである。

占領期にレジスタンスとして活動し、戦後はコペンハーゲン教員組合でリーダーを務め、国会議員にもなったインガー・メーテ・ノルデントフト氏は、1946年に出版した本[4]の中で「我々は新しい教育の理想を確立しなければならない」と書いている。これからの学校における教育の目標は、「民主的な市民、すなわち、自由に独立して考えることができ、他者と協力し、全体の利益に合わせることができ、イニシアチブを発揮し、責任を負うことができ、異なる考えを持つ人々に対して寛容であり、しかも自分の信念をしっかりと守ることができる人間」を育てることであると述べている。

このような教育の理念についての世論の変化は、フォルケスコーレ法と現代の学校における教育実践にも反映されている。フォルケスコーレ法第1条第3項にはこう書かれている。「学校は、自由と民主主義の社会における参加、共同責任、権利、義務について子どもを準備させなければならない。したがって、学校は、自由、平等、民主主義の精神に基づいて運営されなければならない。」

ナショナル・ゴール（国家教育目標）[5]の規定にも、デンマークにおいて教育に求められていることがよくあらわれている。

　1) 学校は、すべての子どもができる限りの能力を発揮できるような挑戦をしなければならない。

　2) 学校は、学業成績に関連する社会的背景の影響を小さくしなければならない。

　3) 特に、専門的な知識と実践を尊重することによって、子どもの自信とウェルビーイングを強化しなければならない。

このように、デンマークにおける学力観を見ていくと、子どもをある1つの最終形態に向かわせることを意図していない——つまり、多様性を重視していることがよくわかる。例えば、それぞれの子どものできる限りの能力を発揮させることが目指されている1つめのゴールでは、子ども一人ひとりの

能力が多様であることを許容しているのである。また、子どもの自信やウェルビーイングといった、非認知能力にあたるものについても身につけるべき能力として位置付けられていることがわかる。

　評価観については、「成績評価基準などの評価に関する命令」[6]から読み取ることができる。

　この法律は、第 1 条から第 8 条において、義務教育学校の評価において用いられている 7 段階評価の基準が示されている。最高点である 12 点（ECTS の A に相当）は、弱点がないか、あってもごくわずかで、教科・科目の目標を完全に達成した非常に優れたパフォーマンスの場合に与えられる。10 点（同 B）は、若干の軽微な欠点はあるが、教科・科目の目標を包括的に達成した優れたパフォーマンスの場合、7 点（同 C）は、いくつかの欠点はあるが、教科・科目の目標を達成したことを示す良好なパフォーマンスの場合、4 点（同 D）はいくつかの重要な欠点を持つ、教科・科目の目標について達成の程度が低い平凡なパフォーマンスの場合に付けられる。2 点（同 E）は、教科・科目の目標を達成するのに必要な最低限のパフォーマンスの場合、0 点（同 Fx）は目標の最低条件を満たさないパフォーマンスの場合、最低点の -3 点（同 F）は、すべての点で受け入れがたいパフォーマンスであった場合に与えられることが明記されている。合否判定がある場合には、2 点以上が合格となる。

　このように、デンマークの評価は、パフォーマンス評価である。パフォーマンス評価とは、知識やスキルを活用することが必要な課題を通して評価を行う方法のことである（西岡ほか, 2015: 10）。

　7 段階評価における点数の決定は、評価の対象となる目標を子どものパフォーマンスがどの程度満たしているか評価者が判断し、総合的に評価される（第 12 条）。その際には絶対評価を行い、相対評価をしないことが明記されている（第 13 条）。子どもを選別しないという評価観を確認することができる。

3.　全国学力テストの枠組みから読み取る学力観と評価観

　デンマークの義務教育段階における評価の営みは、学校と教員によって開発され発展してきた歴史的背景がある。1993 年には、教員が継続的に子どもの学びを評価することが法的要件となり、さらに強化された。

　2003 年に掲げられた「義務教育における国家共通目標 (The National Common Objectives for Compulsory Education)」は、評価の基本的事項を示したもので、義務教育段階の最終学年である 9 学年における目標をはじめ、各学年・各科目における目標が明記されている。2006 年以降の教育政策では、義務教育段階に包括的な評価を導入しようとしている。その一環として、9 学年における義務教育修了試験が位置付けられ、さらに、2、3、4、6、7、8 学年の特定科目において、国家共通目標に基づいた全国学力テストを 2010 年から実施している。さらに、「個別プラン (Individual Student Plans)」の作成が必須となっており、子ども一人ひとりの学習進捗状況をより体系的に文書化している。

　2006 年からテストの開発とパイロットテストが重ねられてきたコンピュータ・ベースの全国学力テストは、2010 年 3 月からすべての義務教育学校を対象に実施されるようになった。この学力テストは多肢選択式となっており、毎年数科目が実施対象になっている。具体的には、2、4、6、8 年生のデンマーク語、3 年生および 6 年生の算数、7 年生の英語、8 年生の生物、地理、物理・化学である[7]。それぞれの科目において、3 つの分野・領域に関わる問題が出される。この分野・領域はプロファイルエリアと呼ばれ、例えば、**表 2–2** のデンマーク語のテストにおいては、言語理解、デコーディング（音と文字の対応）、読解のプロファイルエリアから出題される。

　システム面では、項目応答理論に基づいて子どもの能力レベルに合わせて出題されるようになっている。つまり、ある問題で子どもが正答したかどうかに従って次の問題が選択され出題されるということである。正しく答えれば、より難しい問題が出されることになり、解答が間違っていると、次に出題されるのは比較的簡単な問題になる。このことによって、より正確に子

表2-2　全国学力テストにおける各科目のプロファイルエリア

科目	プロファイルエリア1	プロファイルエリア2	プロファイルエリア3
デンマーク語	言語理解	デコーディング	読解
算数	数と代数	幾何	身近にある数学
物理・化学	エネルギー	事物、現象、物質	応用と評価
英語	読解	ボキャブラリー	言語と慣用法
地理	自然地理	文化地理	応用地理
生物	生物の構造	生物相互作用	応用生物

出典：デンマーク子ども教育省「全国学力テストガイド」(2010) [8] をもとに筆者作成.

どもの能力を測定することができるのである。

　全国学力テスト実施の翌日には、教員に試験の結果がフィードバックされるため、授業改善に役立てることができる。結果はオンラインでアクセスコードを入力するだけで見ることができ、担当教員だけでなく校長も閲覧可能である。結果は次に挙げるような形式で表示される [9]。

　(1) 教員のための概要：教員が担当しているクラスの結果の概要。結果は、各プロファイルエリアのクラスごとの全体的なスコアと、プロファイルエリア全体にわたる評価として**図2-2**のように表示される。

　(2) 子ども別の評価：**図2-3**のように子ども一人ひとりの各プロファイルエリアでの得点の結果が示される。また、国家共通目標における科目の目標について5段階のステータス (well above average、above average、average、below average、well below average)、および、包括的な評価が表示される。

　(3) 子ども別の詳細な情報：各プロファイルエリアに関する、正解／不正解／無回答、解答するのに要した時間についての子ども一人ひとりの情報が表示される。タスクの難易度(1〜5のスケールで、5が最も難しい)や、答えるために要した時間が問題ごとに提示される。解いた問題は子どものレベルによって異なるため、ある問題に対するデータ数が少ない場合もある。

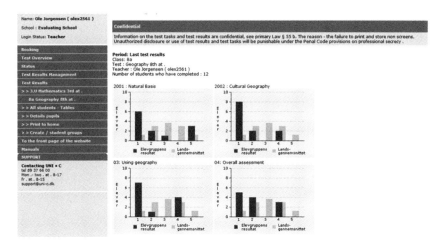

図 2-2　「教員のための概要」のデモ画面

出典：Wandall（2011），"National Tests in Denmark: CAT as a Pedagogic Tool," p.18.

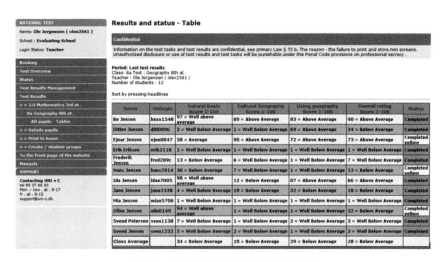

図 2-3　「子ども別の評価」のデモ画面

出典：Wandall（2011），Ibid, p.19.

　(4) 教員が指定したグループの概要：教員は特定のグループを指定し、その結果の概要を見ることができる仕様になっている。男子／女子、プログラム別 (例えば、ディスレクシア特別プログラム) などを指定してテスト結果の概要を表示させることができる。このような情報にアクセスできることによって、教員はプロファイルエリアの平均以上または平均値が一貫している子ども、あるいはプロファイルエリアやトピックに弱みまたは強みを持つ子どもを特定し確認することができる。

　このような情報があることで、教員は特定した子どもの学びを支援することなどを指導計画に盛り込むことができる。また、表示するグループを指定できる機能は、様々な教育戦略の有効性を追跡調査できるという可能性も持っている。

　さらに、教員は、**図2-4** のような要約版の学力テスト結果を印刷することもできる。これは保護者に対してテスト全体とプロファイルエリアごとの子どものパフォーマンスを説明するために利用されている。(2) で見た、子ども別の結果をもとに、各プロファイルエリアにおいて科目の目標に到達できそうかどうかが記載される。

　文章はすべてコンピュータによって自動で生成されるものであるため、作成するのに時間がかからない。教員はプリントアウトするだけで良いので、授業改善に注力ができる仕組みが整っていると言える。

　コペンハーゲン市の公立学校で教えている現職教員にインタビュー[10] したところ、7 年生の英語の全国学力テストでは、コンピュータ・ベースでリーディング、ボキャブラリー、言語の使用 (language usage) の分野で出題される。それぞれの分野について、「よくできる」から「まったくできない」まで、5 レベルで結果を見ることができる。受け持っているクラスの子どものつまずいたところをチェックしておき、特に多くの子どもたちが苦手としているとわかった活動 (例えばライティング) があれば、その活動の頻度を高めるとのことだった。デンマークの公立学校ではすべての子どもを平等に扱うことが

Home

Pupil : Ida Jensen　生徒：アイダ・イェンセン
Class: 8a　　　クラス：8a
School : Evaluating School　学校：エヴァリュエーティング・スクール
Teacher : Ole Jorgensen　教員：オーレ・ヨルゲンセン
Test Date: 2010-03-11　テスト日：2010年3月11日
Test Type: Mandatory testing 2009-2010　テストの種類：2009-2010年度必須テスト

Results of tests in geography 8th Class　8年生地理のテスト結果

IDA performs best on the field "natural base ". IDA has performed the test in geography 8th class level *above average* compared with other students in eighth grade. She has consistently easy to meet the demands of the professional areas that are tested.

Below you can see the results for each area .

- **Natural Basis**
  Ida's performance is clearly above average in this area. The test shows that she is very easy to meet the requirements . Here is an overview of the issues , her duties have focused on: *Weather and climate , erosion, plate tectonics (changes in the earth's crust) , landscape formation , water cycle and ecosystems.*
- **Cultural Geography**
  Ida's performance is below average in this area. The test shows that she has difficulty in meeting the requirements . Here is an overview of the issues , her duties have focused on: *Population and demographic developments , cities and urban development , economic development and living conditions and production and environmental.*
- **Using geography**
  Ida's performance is above average in this area. The test shows that she can easily meet the requirements . Here is an overview of the issues , her duties have focused on: *Exploitation of natural resources, settlement patterns , agriculture, climate change, natural disasters , sustainability and globalization.*

In the box below you can read more about what the test tests.

図2-4 「保護者用の学力テスト結果」の例

出典：Wandall（2011）, Ibid, p.20.

絶対条件であるため、能力別クラスの編成などにはつながらない。イギリスのようにリーグテーブル(順位表)で学校が序列化されることはなく、アメリカのように教員評価に結び付ける動向もまったくないと言う。

本節で見てきた全国学力テストは、学校間、クラス間あるいは子ども間の競争を過熱させないために、法律[11]によって結果が機密扱いにされている。クラス担当の教員と校長以外が見ることができるものは、国全体の結果のみとなっている。

2026年からは全国学力テストが新しい方式に変更することが2021年秋に決まり、2022年の冬からは新しい方式への移行テストが実施される。これまでの全国学力テストとの違いは、1)対象学年が拡大すること、2)科目がデンマーク語(デと表記)と算数・数学(算または数と表記)のみになること、3)テストの問題が全員同一になること、4)テストの実施時期が前倒しになること、の4つである。

1)および2)の対象学年の拡大と科目については、次のとおりになる―2年生(デ・算)、3年生(デ)、4年生(デ・算)、6年生(デ・算)、7年生(数)、8年生(デ・数)。低学年ではデンマーク語の学力チェックをより頻繁に行い、高学年になると算数・数学に重点が置かれる傾向にある。

3つ目のテスト問題の同一化に関しては、これまでの全国学力テストでは子どもの正答／誤答に合わせて出題内容が変わっていたが、新テストでは伝統的なテストと同様、全員が同じ問題を解くことになる。子どもの学力をより正確に測定できていたこれまでのテスト形式から変更したことによって、担当するクラスの子どもがどの問題でつまずいているかを明確にすることが可能になっている。

そして、4つ目の実施時期については、従前が学年末であったのを半年以上前倒しにすることになった。実施時期が早まったことで、子どもたちのつまずきをその年度のはじめのうちに解消することができるというのが一番の利点だろう。

子どもの学びの状況を把握し、授業改善へとつなげることが全国学力テス

トにおける評価の目的であり、これは新テストの導入によって、より強化されている。

4.　義務教育学校卒業後の学校接続

本節では、デンマークの学校教育では競争が起こりにくい理由について、学校接続の観点から概観していく。なぜなら、これまでに見てきた学力観や評価観は、競争がないからこそ維持が可能になっていると考えられるからである。

デンマークでは、後期中等教育段階への進学率が91%である。後期中等教育における諸学校の共通の目的は、生徒が高等教育への準備をすることである。その一環として、学習する科目や科目間の相互作用により、一般教養、知識、能力を確実に身につけることが求められている。

図2-1のとおり、後期中等教育には、一般的な高校（ギムナジウム）として4種類の学校がある。STX（Secondary school leaving examination）、HHX（Higher commercial examination programme）、HTX（Higher technical examination programme）は3年制で、9年間の義務教育を終えた生徒を受け入れている。HF（The two-year higher preparatory programme）は2年間のプログラムで、10年生を修了した者が入学する。

STXとHFのプログラムは、人文科学、自然科学、社会科学の分野における幅広い科目で構成されている。HHXプログラムは、外国語およびその他の一般科目と組み合わせたビジネスおよび社会経済分野に重点を置いている。HTXプログラムは、技術系科目と科学系科目に重点を置き、一般科目と組み合わされて提供されている。

それぞれの学校には、各プログラムを受ける生徒が共通に学ぶことのできる、必修科目が定められている。STX、HHX、HTXではさらに、各学校がさまざまな専門科目と選択科目を提供し、生徒がその中から選択するというカリキュラムを持つ。HFでは、生徒は学校が提供する選択科目の中から好

きなものを選ぶことができる。日本の単位制高校と類似していると言えよう。

　4種類のうち、どの学校に進学しても、生徒は高等教育段階への進学機会を得られる。進学準備のために、学際的なテーマや課題に取り組むことができるような能力——複数の科目の知識を横断的に活用したり、既知の方法を援用したりする能力——を育成することが目指されている。

　3年間の高校（STX、HHX、HTX）のいずれかに入学するには、9年間のデンマークの義務教育を修了しているか、それに準じた教育を受けていること、および義務教育終了試験を受けていることが条件となる。HF に入学するには、10年間の教育課程を修了し、デンマーク語、英語、数学、第二外国語（フ

写真 2-3　エフタスコーレで軽食をとる生徒たち

（2019 年 3 月筆者撮影）

ランス語またはドイツ語)、物理／化学の試験を受けている必要がある。

　以上の 4 種類の学校への入学に必要な試験を受けていない生徒は、入学試験を受けなければならない。義務教育修了試験で十分な評価を得られなかった生徒も、義務教育学校から推薦があった場合は、入学試験と面接を受けて進学することができる。

　デンマークには、STX と HF の両方、またはどちらか一方を提供する学校が 146 校、HHX が 60 校、HTX が 38 校ある。毎年約 46,000 人の生徒がこれらの学校に入学している。この数は、義務教育学校の卒業後に継続して後期中等教育を受ける全生徒の約 70％に相当する。全寮制の学校であるエフタスコーレに 20％ ほどが進学する。

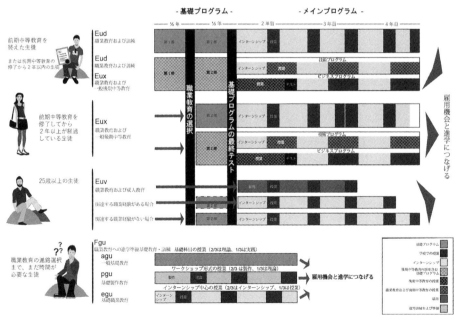

図 2-5　職業系学校と職業訓練機関

出典：デンマーク子ども教育省「デンマークにおける職業系学校および職業訓練機関」をもとに筆者作成.
https://eng.uvm.dk/upper-secondary-education/vocational-education-and-training-in-denmark（2022/11/05最終
確認）

　残りの約 1 割にあたる生徒の進学先が、**図 2-5** に示されている職業系学校（VET）である。VET に入学するためには、通常、義務教育を修了し、デンマーク語および数学の成績が最低 2.0 以上の卒業証明書を取得しなければならない。または、生徒が企業と研修契約を結んでいる場合には、企業での実地研修から教育を開始することも可能になっている。

　義務教育を修了してすぐの生徒を対象にしている VET には、職業教育を専門的に行う Eud（Vocational education and training）と、職業教育および一般後期中等教育の内容を扱う Eux（Vocational education and training including general upper secondary education）がある。VET を通じて、介護福祉士や電気工事士などの専門職が育成されている。

　両プログラムとも、基礎課程と専門課程の二段構えで構成されている。基本課程は学校において学び、課程の最後には試験が行われる。その後、専門課程に進むと、生徒は学校での学習と現場での実習を交互に行うことになる。

　進学したいプログラムに進むためにはデンマーク語や数学の成績が足りない生徒に対して門戸を開いているのが、Agu などの進学準備基礎教育トレーニング（Fgu; Preparatory basic education and training）プログラムである。学びたい生徒にはその機会が与えられているということがわかる。

　そして、どの VET プログラムを修了した卒業生でも、さらに教育や訓練を受けたいのであれば、アクセスが可能になっている。EQF[12] レベル 5 および EQF レベル 6 の高等教育機関などへ進学することが可能である。

　どのような進路を経ても、学びたいことを学ぶことができ、大学にも入学することができるのが、デンマークの教育の特色と言える。学費は大学を含めてすべて無料であることも、競争が起きにくい要因であると考えられる。

　デンマークで高校生の子どもを持つ教員にインタビュー[13]したときにも、「成績が 2 点（ETCS の E 相当）だと、ギムナジウムには行けないかもしれない。でも、3 年後にはギムナジウムを卒業した子と同じ大学に行けるかもしれないでしょう」と、多様なルートの一例を示していた。

　本章で見てきた事例を通じて、デンマークにおける全国学力テストによる

評価は、授業実践における課題発見と分析を補助し、改善を促す機能を持つことがわかった。学力についても、子どものパフォーマンスが総合的に絶対評価で判断されることによって、多様な学力のあり方が保証されていると言える。デンマークでは、多様であることを認め、多様性を育む授業と評価が行われていると考えられる。

注

1　ウェルビーイング（well-being）とは、精神的・身体的・社会的に健康であることを指し、多面的で持続的な幸せのことを言う。

2　Danish Ministry of Education. (2010) . *Facts and Figures 2009, Key Figures in Education 2009*, Statistical Publication No.2- 2010, Danish Ministry of Education.

3　フォルケホイスコーレは完全に無償ではなく学費の一部納入が必要であるが、大部分は国の助成金で賄われる。

4　Nordentoft, I. M. (1946) . "Skolens fremt i dsmuligheder (The school's future possibilities)," pp.319, 325.

5　デンマーク子ども教育省ウェブサイト "Om nationale mål," https://www.uvm.dk/folkeskolen/folkeskolens-maal-love-og-regler/nationale-maal/om-nationale-maal（2022/11/9 最終確認）.

6　Bekendtgørelse om karakterskala og anden bedømmelse（BEK nr.262 af 20/03/2007）, https://www.retsinformation.dk/eli/lta/2007/262（2022/11/17 最終確認）.

7　任意科目として、第二言語としてのデンマーク語のテストが 5 年生と 7 年生で実施される。デンマーク子ども教育省 http://www.eng.uvm.dk/primary-and-lower-secondary-education/the-folkeskole/evaluation-tests-student-and-plans（2018/10/01 最終確認）.

8　Børne-og Undervis nings ministeriet（デンマーク子ども教育省）"Vejledning om de nationale test," https://www.uvm.dk/-/media/filer/uvm/udd/folke/pdf21/feb/210215-vejledning-om-de-nationale-test-til-kommuner-ua.pdf（2022/11/13 最終確認）.

9　EVA（デンマーク評価機構）http://www.eva.dk/grundskole/bevidst-blik-paa-elevers-laering（2018/10/01 最終確認）.

10　2022 年 11 月 6 日に対面で実施.

11　フォルケスコーレ法第 55 条 b 項（機密保持の特別な義務、義務教育学校における全国学力テストの結果閲覧の禁止）https://www.retsinformation.dk/eli/accn/

Y20180953658（2022/11/13 最終確認）.

12 European Qualifications Framework（欧州資格枠組み；欧州各国の資格や学位を共通の視点で理解するために設定）のレベル 5 は短期高等教育段階、6 は学士課程段階である。

13 2022 年 5 月 30 日にコペンハーゲン市内にて対面で実施。

第3章 英語の試験における学力観と評価観
——義務教育修了試験における口頭試験を中心に

　ここからは、デンマークでは多様であることを認め、多様性を育む授業と評価が行われているということについて、何がこのような教育の実施を可能にしているのか、より具体的な事例を通して検討していく。本章では、英語の義務教育修了試験のうち、口頭試験を取り上げて考察を加える。

1. プレゼンテーションと会話・インタビューの課題

(1) 英語の口頭試験で課される1つ目の課題——プレゼンテーション

　英語の口頭試験では、2つの課題が課せられる。1つ目は、選択したトピックに沿って5分以内で実施するプレゼンテーションである。2つ目は、特定のトピックについて8分以内で実施する会話・インタビューである。

　1つ目の課題であるプレゼンテーションについては、口頭試験の実施前に生徒が準備しておかなければならない。年間の英語の授業を通じて、複数のトピックを含む3つ以上のメインテーマに関する参考資料を教員と生徒が集め、各生徒がプレゼンテーションで発表するトピックを1つ選択する。例えば、メインテーマ「アメリカにおける生活」のトピックには、「黒人の命は重要 (Black Lives Matter)」ムーヴメント、アノニマス (インターネット上の活動家集団)、アメリカンドリーム、死刑、十代の妊娠が含まれる[1]。

　生徒は参考資料を選んで、教員の指導を受けながらプレゼンテーションの準備を行い、口頭試験前日までに**図3-1**のようなプレゼンテーションの要旨を作成する。要旨には生徒および教員の署名を記さなければならず、内容に

クラス・名前：●組　　〇〇 〇〇

テーマ：現代の若者　　**選んだトピック**：肥満

　　　このトピックを選んだ理由

(1) 家族　(2) 鑑賞した映画　(3) 個人的な興味・関心

　　　肥満および摂食障害の種類

・食べ過ぎによる肥満、拒食症、過食症

　　　どのような人が、なぜ摂食障害になるのか

・ケーススタディ

　　　誰にとっての問題で、どのように解決するべきか

・個人的な問題

・社会が原因である可能性もあるのではないか

・学校給食

・テレビ番組

参考資料：モーガン・スパーロック監督作品映画「スーパーサイズ・ミー」ジェイミー・オリバーのブログ http://www.jamieoliver.com/diary/ イギリスの学校給食 http://www.channel4.com/life/microsites/J/jamies_school_dinners/fom/index.html

生徒の署名：　　　　　　　　　　**教員の署名**：

図 3-1　プレゼンテーションの要旨の例

Dimova（2013）をもとに筆者作成.

ついて教員が認めたものを提出することになっている。

(2) 英語の口頭試験の展開

　口頭試験は、生徒一人あたり 20 分以内で終了する、短いものである。評価を行うのは、その生徒を教えている教員と、外部試験官と呼ばれるチェック担当の他校の教員の 2 名である。評価者 2 名による最終的な評価決定まで含めて 20 分程度で行われるため、前半のプレゼンテーションに充てられる時間は質疑応答を含めて 10 分程度となる。プレゼンテーションの内容についての質問はその生徒を教えている教員から行われ、外部試験官は生徒の理

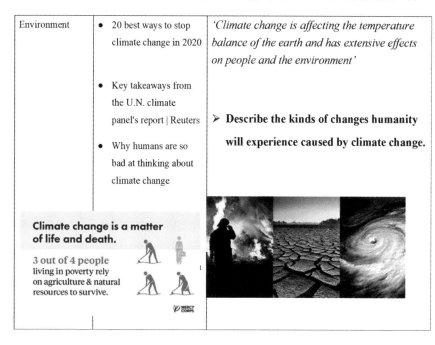

図 3-2　会話・インタビュー課題で用いられるカードの例
出典：コペンハーゲン市内の学校教員・イェスパーセン氏提供.

解度を明確化するための質問をすることが多い。

　後半およそ 10 分間の会話・インタビューの課題では、生徒は**図 3-2** のようなカードを 1 枚選び、そのカードに記載されているトピックに関連した質問やイラスト・写真に沿って 2 名の試験官と議論をすることが求められる。このとき、生徒が議論を主導しなければならない。

(3) 口頭試験をどのように評価するか

　試験官 2 名による評価は、**表 3-1** で示したように、コミュニケーション能力、言語能力、準備および習得状況、文化と社会の理解といった項目について、-3 点から 12 点までのスケールで採点が行われ、2 名の試験官による協議を経て最終的な評価がつけられる。他校の教員は、試験終了後に参考資料

表 3-1 英語の口頭試験の評価表

生徒の名前：		12	10	7	4	2	0	-3
全体― 該当点数の欄にプレゼンテーションはp、会話はsを記入する。								
1	トピック・テーマに関連した、多様な語句や語彙を活用している。							
2	文法を正しく使用している。							
3	正確かつ一貫性のある言葉で表現している。							
4	コミュニケーション戦略を用いている。							
5	発音が正しく明確である。							
プレゼンテーション								
6	選んだトピックを提示し、考察している。							
7	調べた資料に基づいた知識を示している。							
8	対象国・地域の文化的・社会的な状況に関する知識を示している。							
インタビュー								
9	よく聴き、反応し、会話を主導している。							
10	自らの視点や態度を示している。							
11	トピックに関連した質問について自らの知見を示している。							

Styrelsen for Undervisning og Kvalitet (2018) p.14 をもとに筆者作成.

やトピックの選択、会話・インタビュー課題での所見、評価などについての意見をまとめたレポートを作成し提出しなければならない。

　義務教育修了試験で特徴的なのは、授業で勉強してきた内容を正確に答えられるかどうかのみを学力と見なしているのではなく、ツールとして習得内容を用いているか（表3の評価項目1、2、3、5）、課題に対する探究力（同・6～8）、コミュニケーション能力（同・4、9～11）を学力として、日常の授業でも実践しているディスカッションを通して、どれだけ学力が身についているかという評価が行われているということである。

　このときに評価の材料となるトピックやテーマは様々であり、探求力やコミュニケーション能力まで測られるという学力のあり方は、生徒一人ひとり違っており、多様性に富んでいるということが興味深い。

2.　事例研究——ある学校における英語の口頭試験

(1) 英語の口頭試験の実例

　実際に口頭試験を見てみたいと考え、2022年6月、コペンハーゲン市内のある学校で英語の口頭試験の参与観察を行った。

　試験開始前に、ポットで用意したコーヒーを飲みながら教員と外部試験官は簡単な打ち合わせを行い、その日に試験を受ける5名の生徒が事前に提出した要旨や点数表、追加の課題が入ったボックスを9年生の教室に準備していた。外部試験官は試験の日の朝、指定された学校に来て担当教員に初めて会ったという。廊下には「テスト中！お静かに」と書かれた紙と、試験を受ける生徒の順番とテーマが教員によって貼り出され、係の生徒2名が生徒用のコップと水を持ってきて、教員に渡していた。

　試験会場となる場所は、生徒が普段の英語の授業で使用している教室である。教室の様子は、**写真3-1**のとおりである。

　所定の時間になると、教員は廊下で待機している生徒に対して教室に入るように呼びかける。椅子に座らせてから水をコップに注いで手渡し、「いつでも準備ができたら始めて」と声をかけて待つ。生徒は緊張感を和らげるために水を口に含むなどしてから、話し出す。ストップウォッチなどによる時間計測は行わない。最初の5分間は、生徒が選んだテーマに沿って準備してきたプレゼンテーションの時間である。この日に見学した5名の生徒が選んでいたのは、紛争、メディア、女性の権利、差別、環境であった。

　紛争をテーマに選んだ最初の生徒は、ロシアとアメリカの緊張関係についてプレゼンテーションを行った。ロシアによるウクライナ侵攻も事例としてあげつつ、紛争解決の難しさについて話していた。生徒の手元にはA4サイズの紙1枚があったが、生徒はその紙を見ることなく、教員と外部試験官の顔を見ながら話していた。プレゼンテーションが終わると、教員が「perfect(完璧だね)」と生徒に伝えることは、この日見学したすべての生徒の口頭試験に共通していたことである。そして、教員はプレゼンの内容に関して質問し、

写真 3-1　外部試験官 (左) および教員 (右) と、試験が行われる教室内の様子
(2022 年 6 月筆者撮影)

生徒が意見を述べることを繰り返して、深掘りしていく。

　質疑応答の開始から 5 〜 6 分ほど経過したところで、教員は会話・インタビューの課題が入ったボックスを手に取り、くじ引きの要領で生徒に紙を 1 枚選ばせる。その紙にはこの 1 年の授業で学んだ他のトピックについて、内容を思い出せるような概要や写真が載っており、質問が書かれている。前段のプレゼンテーションで発表したトピックが当たった場合には、生徒は再度くじを引くことになる。

　教員は生徒に対して「その紙の中身をよく読んで、右端に書いてある質問にも目を通しなさい。質問に答える準備ができたら、その質問をまずは音読

して自分の意見を述べなさい」と指示を出す。どの生徒も、それほど間を置かずに記載された質問を音読し、それに対する自分の意見を述べ始めた。このときの生徒の意見に対しても、教員が質問するなどして対話が重ねられていく。ここでも 5 分程度が使われる。

　教員はあらかじめ質問を準備しているわけではなく、生徒の意見を聞いて適宜メモを取りながらその場で議論を深めている。どの生徒も、教員に対して授業で取り上げられた具体例などを挙げながら意見を述べていた。生徒が黙ってしまうような瞬間はまったく見られなかった。外部試験官は試験時間中に生徒を見ながらメモを取ることがほとんどで、生徒に話しかけるのは 1 人に対して 1 〜 2 度程度である。生徒は話し終わると、教員から廊下で待つように言われて退室する。入室してからここまで、水を飲んで緊張をほぐす時間などを含めて 15 分ほどで一旦口頭試験が終わる。

　一旦、とここで書いたのは、教員と外部試験官との話し合いと生徒に与える評価の決定が 2 分ほどの間に行われた後、生徒にフィードバックと評価を伝えるために教室に呼び戻すからである。教員は生徒を決められた項目ごとに評価しており、教員が総合的に判断して 7 段階評価の点数を提案する。外部試験官は、その評価が客観的であるか確認して同意する。評価が決まると、教員は生徒を教室に呼び戻し、評価を伝えた上でフィードバックを行う。年度の始め頃と比較して進歩した点や改善ポイントなどを伝えて、今後の学びの継続を促すようにしていた。最後に教員と生徒がハグをして、試験が 20 分ほどで終了する。

　試験の中で教員と外部試験官が特に着目していた点は、次のとおりである。1) 積極的に会話に参加し、自己表現していること、2) 自ら選んだトピックに関する考察を文章化し、口頭で発表できていること、3) 英語をわかりやすく正確に発音していること、4) 意見に一貫性があり、正確な知識に基づいていること、5) 英語圏の国々の文化や社会情勢、時事問題に関する知識を活用することができること。授業を担当している教員が評価に関わることで，生徒の関心・意欲・態度などを含めた全体的な評価と、時間の経過で個

の能力を比較する縦断的な個人内評価が可能になっている。

(2) 口頭試験の基礎となる普段の授業

　このような試験と評価のあり方を成立させているのが、普段の授業実践である。見学した口頭試験の様子は、他の生徒がおらず一人だけで教室に入ることと、見ず知らずの外部試験官（および見学者の筆者）が同席していることを除いて、普段の授業の様子とあまり変わらない。これは、2022年6月に口頭試験を見学した学校において、9月に英語の授業についても**写真3-2**の内容で参与観察を行い、確認を行った事項である。テーマに沿って選んだトピックに基づいて教員が生徒に問いかけ、対話をしながら進行・深化させていく形式がとられている。

　英語の授業でどのような内容を取り上げるか、テーマは年度の初めの授業

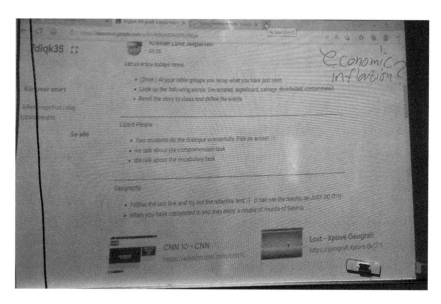

写真3-2　2022年9月14日の英語の授業内容

（筆者撮影）

で生徒と教員の間で話し合って**表 3-2** のように決められる。学びに関する目
標は国レベルで設定されているので、授業内容は完全に自由というわけでは
ないが、日本の学習指導要領やこれに沿って作成され検定を受けた教科書に
基づいた授業と比べて、デンマークの教員の自由度は非常に高い。授業その
ものの多様性も認められているのである。そして、教員いわく、生徒が学び
たいと考えたトピックだからこそ取り上げる意味があるのだという。生徒が
授業に対してオーナーシップを持つ、換言すれば、授業を自分事にすること
で、学びたいという意欲をより一層高めることがねらいとして意識されてい

表 3-2　2021 年度英語授業予定表の一部

テーマ	タイトル	種類	出典	リンク
環境 *Environment*	20 best ways to stop climate change in 2020	記事		https://onetreeplanted.org/blogs/stories/20-ways-to-stop-climate-change-2020
	Key takea ways from theU.N.climatepanel's report | Reuters	記事	Andrea Januta August 9, 2021	Key take aways from the U.N.climate panel's report | Reuters
	Why humans are so bad at thinking about climate change	映像	Andy Murdock, University of California	https://www.vox.com/videos/2017/4/19/15346442/humans-climate-change-psychology
	Food waste is the world's dumbest environmental problem	映像と記事	Andy Murdock, University of California	https://www.vox.com/videos/2017/5/9/15594598/food-waste-dumbest-environmental
	Extra: *List of 30 Top* *Environmental* *Concerns*	記事	Vija yalaxm i Kinhal	https://greenliving.lovetoknow.com/Top_30_Environmental_Concern₃
	Extra: *Climate Lab, University of* *California*			https://www.universityofcalifornia.edu/climate-lab

出典：コペンハーゲン市内の学校教員・イェスパーセン氏提供.

る。

　年度の終わりに実施される口頭試験では、授業で取り上げたテーマの中から1つ選んで生徒一人ひとりがプレゼンテーションを作成する。このときに、生徒は2〜3人のグループを作って、発表する内容について練ることができる。1人で考えるよりも数段おもしろい内容になる、と生徒は語っている。そして、グループ内で意見交換したことを反映させる形で、プレゼンテーションは個別に作成される。

　口頭試験中に追加で出される会話・インタビュー課題も、授業で学んだテーマに限られている。授業で学んだ内容について生徒が根拠を示しながら意見を形成し、教員は生徒が言語をツールとして活用できているか確認することができる。また、プレゼンテーションを通して生徒が英語の文法や語彙といったコンピテンス、説得力のある説明方法や正しい発音などのスキルを身につけていることも確認できる。生徒は、教員からの質問で何が問われているか把握し、即時的に英語で意見を述べることが求められるが、ここでも、能力（コンピテンスとスキル）を見ることが可能である。

(3) 口頭試験の意義をどのようにとらえているか

　口頭試験を長い歴史の中で実施してきたデンマークでは、口頭試験の意義はどのように考えられているのだろうか。これまでに義務教育修了試験を受けたことがある大学生にアンケート調査[2]を行ったところ、デンマーク語が母語でない一人の学生は口頭試験の意義について次のように語っている。

　　「（口頭試験の意義は）生徒がトピックを深く理解した上でいかに自分の考えを明確に示すことができるか測れることです。筆記試験よりも、生徒自身を全体として評価する意図が強い方法だと思います。例えば、私はデンマーク語の筆記試験は（7段階で下から3番目の）2点でしたが、デンマーク語の口頭試験では（上から2番目の）10点でした。私が抱えていた課題は、自分の考えを解答用紙の上で表現することができなかったことです。

文章にすることができなかったのです。しかし、私は自分の能力を発揮できる自由を口頭試験では手にすることができました。筆記試験では文法の壁に囚われていただけなのです。私は文法の能力は発展途上でしたが、豊かな思考力を持っているのです。口頭試験では、文法の間違いを指摘されることはなく、むしろプレゼンテーション全体を評価されるのです。」

他の学生も筆記試験と比較して、次のように述べている。

「生徒が自らの手で、自由な発想で表現できるかどうかを確認するために口頭試験が実施されている。そして、柔軟性に欠けた筆記試験を補うためだと思います。」

これらの意見とこれまでに取り上げた事例からわかるのは、口頭試験が生徒を全体として評価すること（横断的個人内評価）を助けており、評価者に授業を担当する教員が含まれることによって縦断的個人内評価ができているということである。

3.　口頭試験による精神的負担

普段の授業の様子と口頭試験とを比べてみて、形式上はほとんど同じであることはわかったが、口頭試験における生徒の精神的負担はまた別の問題である。先ほどのアンケートの回答の中には、「私には言語障害があるので、口頭試験は私の話し方を評価してくれる機会」であるという意見や、「口頭で自分の考えを説明するのは簡単だと思うことがほとんどですが、それだけでなく、生徒・先生・外部試験官の間で対話が行われることが多いのです。口頭試験の流れは私に合っていて、それほど緊張しませんし、時間が足りないという感覚もありません」というポジティブなとらえ方が多く見られた。

しかし、義務教育の9年間の学びが、たった20分の試験で判断されるというプレッシャーを感じている生徒は少なくない。参与観察の際、用意してきたプレゼンテーションのときは自信満々に見えたある生徒は、くじ引きで

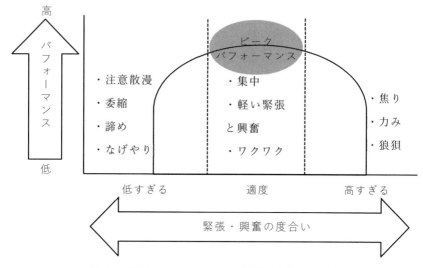

図 3-3　緊張とパフォーマンスの関係性（逆 U 字理論）

出典：Teigen（1994）を元に筆者作成.

引いた会話・インタビューの課題について自分の意見を話すときには指先が
震えていた。プレゼンテーションの冒頭で言葉に詰まってしまい、「頭が真っ
白になってしまいました。もう一度最初から話します」と、仕切り直しては
じめからやり直した生徒もいた。このように、試験を他者（筆者）に公開する
ことを承諾した 5 名の生徒であっても、緊張している様子が見られた。ただ
し、緊張すること自体は自然なことで、適度な緊張感は良い結果に結びつく
ことが知られている。

　図 3-3 が示すように、緊張やプレッシャーは悪いものではない。緊張や興
奮のレベルが適度であれば、集中することや、楽しさを感じられること――
ウェルビーイングにもつながる。しかし、もしも精神的な負担が大きすぎて
日常生活にも支障をきたすような場合には、試験の実施を一年遅らせて 10
年生で受けることができる制度がデンマークにおいては整備されている。参
与観察を行った学校においても、1 名の生徒が口頭試験の延期を申請してい

た。生徒のウェルビーイングが優先されている実例である。

　試験に対して感じるプレッシャーは生徒だけのものではない。経験が浅い教員が口頭試験を担当することになった場合も、教員が少なからずプレッシャーを感じていることがわかった。「教員が口頭試験に慣れていない」ことを理由に、かなりの数の学校から見学を断られたからである。実際に調査を行う前は、口頭試験を普段の授業の延長のようにとらえており、事実ほとんどの生徒と教員が筆者と同じように感じているのであるが、試験に対して単なる緊張以上のプレッシャーを感じている生徒と教員も一定数存在していることがわかった。

　上記のような状況は、ネオリベラリズムの浸透による影響が大きいのではないだろうか。ネオリベラリズムの思想においては、何よりも競争が重視される。競争の結果、ある人が負けたとしても、それが自由な競争によるものであれば負けた本人がその責任を負うことになる。こうした競争の原理がデンマークの教育にも少なからず入り込んでいることで、子どもと教員の「失敗したくない」と過度に考える価値観や態度といった変化があらわれているのだと考えられる。

　ナショナル・ゴール[3]には、次のとおりネオリベラリズムの要素は見られない。1) 学校は、すべての子どもができる限りの能力を発揮できるような挑戦をしなければならない。2) 学校は、学業成績に関連する社会的背景の影響を小さくしなければならない。3) 特に、専門的な知識と実践を尊重することによって、子どもの自信とウェルビーイングを強化しなければならない。

　しかし、ナショナル・ゴールを達成するための詳細な内容[4]においては、ネオリベラリズムによる影響を読み取ることができる。具体的には、目標1として「デンマーク語と数学において、最も優秀な生徒の割合を年々増加させなければならない。学校は、すべての生徒ができる限りの能力を身につけられるよう、挑戦しなければならない。全国学力テストで、少なくとも80%の生徒がデンマーク語と数学に優れていなければならない」[5]と書かれ

ており、目標2も「全国学力テストのデンマーク語と数学の成績が悪い生徒の割合を年々減少させなければならない。学校は、学業成績に関連する社会的背景の影響を低減させなければならない」と数値目標を掲げていることがその証左である。

他方で、目標3は、ゴールとして設定された、子どものウェルビーイングを大切にすることを強調した内容となっている。「子どもの幸福度を高めること。学校における子どもの自信とウェルビーイングは、特に専門的な知識と実践を尊重することによって強化されなければならない。」例えば口頭試験の際にも、教員が生徒の緊張をほぐすために水を用意し、プレゼンテーションが終わったときには生徒をほめていた。評価を生徒に伝えたあとにはハグをしていたことも、教員と生徒間の良好な人間関係を示していると同時に、生徒が精神的に安定して満たされた状態であることをあらわしていると考えられる。

良好な人間関係を築くことや、試験時間中に教員（あるいは自分自身）と対話を行い、自らの感情をコントロールしながら考えを表現していくということをその生徒の学力の一側面として評価を行っているデンマークでは、自信やウェルビーイングのような非認知能力を高めていくことも重視しているのである。

こうした実践面の考察から立ちあらわれてくる学力のかたちは、一人ひとり異なっている。普段の授業においても口頭試験中においても、生徒それぞれの力をそれぞれに伸ばすことが目指されている。多様であることを認め、多様性を育むデンマークの教育は、対話を通じて子どもそれぞれの学力が測られる口頭試験に支えられていると言える。

※本章は、都留文科大学研究紀要第89集（2019年、pp.69-79）に掲載された「デンマークにおける学力テストの実践と評価」を大幅に加筆修正したものである。

注

1　Styrelsen for Undervisning og Kvalitet.（2018）. *Vejledning til folkeskolens prøver I faget engelsk-9. klasse*, Undervisnings Ministeriet, p.7.

2　デンマークに留学中の豊平みずき氏の協力により、2022 年 5 月 18 〜 29 日に、Google Forms を利用して 14 名から回答を得た。

3　デンマーク子ども教育省ウェブサイト "Om nationale mål," https://www.uvm.dk/folkeskolen/folkeskolens-maal-love-og-regler/nationale-maal/om-nationale-maal（2022/11/9 最終確認）.

4　同上 .

5　2017 年度の 8 年生のデンマーク語では 78.1%、数学では 79.1% であったので、目標の 80% には一歩届かない状況である。デンマーク子ども教育省ウェブサイト https://uddannelsesstatistik.dk/Pages/Reports/1959.aspx（2022/11/9 最終確認）.

第4章 数学の試験における学力観と評価観
——義務教育修了試験における口頭試験を中心に

　前章において、英語の口頭試験を取り上げて事例および評価項目の分析を行ってきた。その中で、教員による生徒との対話を通じた見取りに基づく評価が子どもの学びを測定する重要な鍵になっていることを明らかにしたが、デンマークにおける教育評価への理解をより深めるためには、語学系以外の科目での口頭試験について検討することが必要である。

　そこで、本章では義務教育修了試験のうち、語学以外の科目で口頭試験が実施されている数学を取り上げて、評価の方法と学力測定のための尺度を考察する。これらを通じて、多様であることを認め多様性を育む教育がいかにして行われ得るか検討したい。

1. 数学の試験の概要と評価の枠組み

　本節では、前期中等教育が修了する9年生を対象に実施される義務教育修了試験の数学を事例に、試験の概要と評価の枠組みについて明らかにする。

　数学の義務教育修了試験は、主に次の3つで構成される。1) 全員が受ける補助なしの筆記試験、2) 全員が受ける補助ありの筆記試験、3) 抽出された生徒が受ける口頭試験である。

(1) 数学義務教育修了試験・筆記試験の概要

　補助なしの筆記試験の解答時間は1時間であり、2019年5月実施分は、9日の9時から10時に全国で一斉に実施された。数字と代数、幾何と測定、

68

Opgave 1 タスク 1

Alma tager sammen med tre venner til et sommerland. Tabellen herunder viser billetpriser til sommerlandet.

アルマは友達3人とサマーランドに行きます。入場券の料金は表のとおりです。

Billettype	Pris (kr.)
1-dagsbillet 1 日券	240
2-dagesbillet 2 日券	390
Sæsonkort シーズンチケット	625

1.1 Hvad koster fire 1-dagsbilletter?

1.1 1 日券を4人分買ったらいくらですか？

Alma overvejer at tage til sommerlandet flere gange.

1.2 2 日券を買うと、1 日券2枚よりいくら安いですか？ ＿＿＿＿＿＿＿ kr.

1.2 Hvor mange penge kan Alma spare, hvis hun køber en 2-dagesbillet i stedet for to 1-dagsbilletter?

1.3 何回以上行けばシーズンチケットのもとをとれますか？

1.3 Mindst hvor mange dage skal Alma tage til sommerlandet, for at det kan betale sig at købe et sæsonkort i stedet for 1-dagsbilletter? ＿＿＿＿＿＿＿ dage

＿＿＿＿＿＿＿ kr.

図 4-1　2019 年数学の義務教育修了試験・補助なしの筆記試験の問題

出典：https://docplayer.dk/189582221-Folkeskolens-proever-proeven-uden-hjaelpemidler-tirsdag-den-7-maj-2019-kl-der-maa-ikke-anvendes-hjaelpemidler-ved-proeven.html（2022/11/13 最終確認）.

統計と確率の分野から出題される。日本の学校で実施されている試験と同じように、生徒は身一つで**図 4-1** のような問題に取り組む。補助ありの筆記試験の解答時間は、3 時間充てられる。試験中は、計算機やスマートフォンなど、普段使用される様々なツールを持ち込むことが可能となっている。この試験では、日常生活、社会生活、自然条件の問題に対処するために数学の知識を使用することが求められる。いわゆる活用型の知識が測定されているのである。数学モデルのほか、説明文、代数的表現、図面、グラフが問題の中に見られ、評価では、生徒がどのように問題を解釈し、数学を使用して問題解決のための戦略を記述することができるかが重視されている。

(2) 数学義務教育修了試験・口頭試験の概要

　例年 5 月から 6 月に行われる数学の口頭試験は、くじでランダムに抽出されたクラスに課せられるものである。全体の 3 分の 2 の割合の生徒が対象に

なる。2月に校長に当該クラスが教えられ、この情報が教員や生徒に解禁されるのは例年4月26日頃になっている。そのため、結果的に口頭試験が課せられなかった場合でも、デンマークの9年生の全クラスでは口頭試験に当たっても問題がないように、テーマやプロジェクトに沿ってディスカッションベースで数学の授業が行われている。

　口頭試験は、2〜3人1組のグループで行われる。1つの教室内の生徒数は6人以下で、教員1名と外部試験官（英語の口頭試験と同様、他校の教員）1名が評価するように編成される。試験時間は2時間以内で、(1)テストについての説明、(2)グループの中で代表1名が課題トピックをひく、(3)20分ほどグループでディスカッションをする、(4)課題を解いている間、教員と外部試験官がそれぞれのグループを3回ずつまわる、(5)教員と外部試験官が話し合い、生徒一人ひとりに -3 から 12 までの評点を付ける、(6)評価について生徒に説明する、というのが一連の流れである。

　試験問題は、数学的知識とそれを活用するスキルを測ることを目的に出題される。補助ありの筆記試験と同様に、口頭試験中に生徒はパソコンなどを使うことができる。生徒が問題に取り組んでいる間、教員と外部試験官は各グループをまわって、個々の生徒にどのように解決に導くのか、方法や考慮しなければならない点について問いかけたり、グループ内で議論するように促したりする。

(3) 数学義務教育修了試験・評価の観点

　数学の出題のねらいや評価の観点は、義務教育学校における教科の目的、能力目標、スキル、知識分野、注意点に関する行政命令[1]の 12 節で確認することができる。6年生以上の子どもが身につけるべき能力には、複雑な状況で概要を把握し、数学を使用して行動できる力が挙げられている。数字と代数の分野では、有理数と変数を使って説明や計算ができることが求められ、幾何と測定の分野では、幾何学的な手法を適用したり、簡単な目標について計算したりすることが求められる。統計と確率の分野では、自ら統計調査を

行い、確率を求めることができる必要がある。数学の授業を通じて子どもは自身の数学の能力を開発し、スキルと知識を身につけることが目指されている。そして、日常生活や余暇、教育、仕事、地域における活動の中で起こり得る課題について、数学を用いて適切に解決することができるかどうかが測られる。

2019年11月20日に新しい法律が制定されたことによって、義務教育修了試験に関わるガイドラインも刷新された。数学の学力に関する評価は、4つの主要な能力と関連する領域に基づいて実施されている。(1) 数学的スキル (問題解決、モデリング、推論、表現と記号処理など)、(2) 数と代数 (方程式、数式と代数式など)、(3) 幾何と測定 (幾何学的な描画、測定など)、(4) 統計と確率の4つが一般的なスキルと知識領域として分類されている[2]。

具体的に数学の義務教育修了試験における評価の項目を見てみると、(a) 問題解決能力、(b) モデリング能力、(c) 推論のスキル、(d) コミュニケーション能力と協力関係の構築、という4つの観点から一人ひとりについて実施されている。それぞれの観点において教員と外部試験官がチェックするのは以下の項目である[3]。

(a) 問題解決能力
- 数学的知識を有している。
- 問題解決のための過程について知識を持っている。
- 問題解決のための過程を計画し実行できる。

(b) モデリング能力
- 数学に引き付けて外の世界の問題を考えることができる。
- 外の世界の問題の構造化と定義に関する知識を有している。
- デジタルシミュレーションやモデリングプロセスを実装することができる。
- モデリングプロセスの要素に関する知識とシミュレーションのためのデジタルツールの知識を有している。

- 数学モデルを評価するための基準についての知識を有している。
- モデル化する能力には、問題の処理や表現、記号の用い方などが含まれていること。
- 問題を解決するために用いる数学モデルを設定することができている。
- そのモデルを使用して解決に導いている。
- 結果の分析ができている。
- 自分や他の人が構築したモデルを批判的に考察している。

(c) 推論のスキル

- 定義、仮説、その他の文章を区別できる。
- 仮説に関する知識を有しており、個々のケースと一般化とを区別できる。
- デジタルツールを用いることを含めて、推論を行い評価することができる。
- 簡単な数学的証明の知識を有している。

(d) コミュニケーション能力と協力関係の構築

- 口頭および筆記で数学に関する専門的かつ正確なコミュニケーションを行うことができる。
- 簡単な数学的記号言語だけでなく、テーマに関連する概念と専門用語の知識を有している。
- デジタルメディアを含む数学的情報を批判的に検索できる (情報の取得とソースの評価)。
- 日常言語と数学言語とを正しく翻訳している。
- 発信者および受信者としてのコミュニケーション能力を有している。
- 教員、外部試験官およびグループ内の生徒と対話をしている。
- 導き出した結論について数学的表現を用いながら正確に提示している。

　DeSeCo におけるキー・コンピテンシーについての議論の中で検討されてきた諸能力が網羅される形で挙げられていることがわかる。注目すべきは、数学の口頭試験においても、コミュニケーション能力が重視されていること

である。教員と外部試験官は、生徒が数学を理解する上で課題を抱えている可能性がないかということについても見取ることが求められる。評価は、教員が主導する形で外部試験官とともに決定されるが、二人の意見に相違が見られるときには、それぞれの評点を出したうえで評価基準に基づいてディスカッションが行われることになっている。

　評価は英語と同様、7段階で実施される。12点を最高評価として、10点、7点、4点、2点、0点、最低の -3点、となっている[4]。

2. 数学・義務教育修了試験の口頭試験における問題の実例

(1) 問題——「高校留学」

　口頭試験で出題された過去の問題のうち、「高校留学」を事例に分析を行う。問題を日本語に翻訳すると、次のとおりである。

> 　エマとラスムスは8年生です。彼らは9年生で義務教育を修了後に、1年間高校留学したいと思っており、そのために貯金しようと考えています。エマの年利2％の銀行口座には、21,850デンマーククローネあります。ラスムスの銀行口座には10,000クローネの残高があり、金利は3.75％です。エマの両親は、彼女の口座に毎月750から1,000クローネ送金できます。ラスムスの両親は18,000クローネの口座を解約して彼の口座に入金できます。
> 【課題】
> 　あなたは、エマとラスムスが留学のために貯金できる金額について調べなくてはなりません。また、彼らの両親が銀行に借入することや、そのローンの返済について検討することも必要です。

表 4-1　1年間の高校留学にかかる費用（単位はデンマーククローネ）

アメリカ 59,950	オーストラリア 97,950
英語圏カナダ 82,950	ニュージーランド 86,950
南アフリカ 66,950	ブラジル 59,950
エクアドル 59,950	アルゼンチン 59,950
中国 64,950	日本 72,950

イギリス 69,950	アイルランド 61,950
ドイツ 49,950	フランス 49,950
イタリア 49,950	スペイン 69,950
インド 64,950	

【手順】

　毎月エマの両親が彼女の銀行口座に送金したとして、2年後に彼女の口座の残高はいくらになっているでしょうか。

　2年後にラスムスの銀行口座の残高はいくらになっているでしょうか。また、彼の両親のお金をどのように留学の予算に組み入れるといいか提案してみましょう。

　2人の両親がいくら借りないといけないか、それぞれ計算しましょう。そして、どのローンでいくらの返済金額になるか、検討してください。

LånLet

(a) Lån op til:	**50 000 kr**	(a) 融資金額：50,000 クローネ
(b) Max. løbetid:	**6 år**	(b) 融資期間：最長6年
(c) Stiftelsesprovision:	**8 %**	(c) アップフロントフィー：8%
(d) Administrationsgebyr:	**20 kr**	(d) 管理手数料：20 クローネ
(e) Debitorrente:	**14,71 - 23,87 %**	(e) 借入金利：14.71%から23.87%
(f) Låneeksempel:	**Lån 40.000 o/5 år, AOP 18,51 %, totalt 65.757,-**	(f) 借入例：ローン 40,000 o/5年、自動当座貸越特権 18.51%、トータル 65,757 クローネ

図4-2　銀行の教育ローン（右側は各項目の日本語訳）

図4-3　生徒が資料として利用できる、ローン会社のウェブサイト

(2)「高校留学」の評価の観点

生徒は**表 4-1**、**図 4-2** および **4-3** にある情報を用いながらこの問いに取り組むにあたって、インターネットとスプレッドシートにアクセスできるコンピュータを使用することができる。そして、教員と外部試験官によって、以下の項目に照らして評価されている。

(a) 生徒は、問題に関連して洞察力に富んだ方法でアプローチすることにより、数学的なスキルを示している。

(b) 生徒は問題に関連した知識とスキルを使用している。

(c) 生徒は問題に取り組み、イニシアチブを示し、グループに貢献している。

(d) 生徒は数学を用いて、あるいは数学についてコミュニケーションしている。

(a) については、次のような過程を含むモデリング能力を有することを示す必要がある。まず、問題を定義し、検討する範囲を区切ることができる能力。次に、問題に関連して使用できる数学的モデルを作成できる能力。ここで作成したモデルを使用して、数学的な解決策を用意できる能力も必要である。そして、問題に関連して自分の結論が妥当であるか分析できる能力と、グループで作成したモデルを批判的に検討することができる能力も示さなければならない。

(b) においては、数学的概念や機能に関する知識、身のまわりにある経済に関する情報や考え方といったものを用いながら問題を解決に導くことが評価の対象になっている。

(c) においては、前提条件としてスプレッドシートを用いて調査や実験的な試みができる中で、生徒が予算を設定し、貯金額とローンの返済額について表やグラフを作成することが評価の対象となっている。作成したグラフの中でディスカッションしていくのに最も適したものを選択しているか、という点も加味される。また、次の事項について、グループ内で協力できている

かどうか判断されている。

- 限りある時間の中で最良の答えにたどり着くために、作業プランが作成されており、それに応じて意識的に作業できていること。
- タスクがグループのメンバー全員に分配されていること、あるいは、全員で力を合わせて取り組んでいること。
- 生徒一人ひとりが議論のイニシアチブを取っていること。
- グループ内での議論を経て、結論を導き出していること。

　(d) では、教員および外部試験官が各グループを巡回中に行う、課題についての生徒との対話や、グループ内でのディスカッションが評価の対象になっている。そして、プレゼンテーションにおいて、正確な数学的表現を適宜用いながら答えや考察などを提示しているかどうかが評価のポイントとなる。

　このようなそれぞれの課題についての評価の観点は、試験時に教員と外部試験官に共有される。前節で概観した評価の枠組みに沿う形でありつつ、問題に応じて具体的に評価のポイントを押さえたものになっている。また、数学の義務教育修了試験における口頭試験のいくつかの事例は、この評価の観点とともにウェブサイトで閲覧が可能になっている。公立学校の教員としても外部試験官としても、口頭試験に複数回関わってきた研究者であるテグルスコフ氏にインタビュー[5]したところ、彼女は口頭試験において毎回同じような経験をしていることがわかった。少なくとも一名の生徒は、必ず次のように発言するという。「試験はもう終わりですか？普段の授業と少しも変わらないのですね。」

　試験のあり方が普段の授業と同じく、グループワークで実施され、生徒同士や先生と生徒との対話が中心となって進んでいくため、生徒は初めのうちは緊張していたとしても、いつも通りにリラックスして問題に取り組むことができる。また、グループ内の誰かがミスをしても、それによって生徒たちが気まずくなったり嫌な思いをしたりすることがないようにするためにも、教員が各グループを巡回しているという。教員はこのように学習環境（試験

の場であっても、学びの場となっている）を整えるとともに対話を通じて、生徒の知識やスキルに不安な部分はないか、生徒本人に気づかせようとしている。そして、それが評価に反映されることになる。

成績評価に関してテグルスコフ氏は、「生徒が自分の成績に満足していること、自分の評価を理解していることも、毎回の試験で経験しています。中には、もっと高い点数を取りたかったという生徒もいましたが、評価の観点に沿って説明すると、その点数が妥当であることを理解してくれました」と、単に評点が示されるだけでなく、どのように評価されたのかを生徒一人ひとりに説明する時間が確保されていることの重要性を指摘している。そして、「試験を受けた生徒本人が『公正である』と考えたなら、その試験は公正だということ」である、と、公正性についての理解を説明してくれた。

3. 口頭試験の公正性

公正性という点では、口頭試験はおそらく最も公正な試験形式の1つであるといえる。2時間という試験時間と問題解決という内容によって、生徒はこれまでの授業を通して身につけたスキルやコンピテンシーを示す機会を得ることができ、仲間や教員、外部試験官と議論する機会も得ることができる。

グループでの口頭試験に対するよくある認識の例として、成績の良い生徒が他の生徒と一緒にグループワークをしている状況で、成績の良い生徒が知っていること（知識）やできること（スキル）のおかげで、まったく授業内容を理解していない生徒までもが高い成績を取ってしまう、というものがある。しかし、これは誤解である。これまでに学んだ内容がよく理解できている生徒が試験時間中に他の生徒を教え、そのことによってわかっていなかった生徒がわかるようになり、活用できることを示せれば、それは生徒が「わかる」、「できる」ことである。

この点を明確に認識するために、教員と外部試験官は、生徒一人ひとりの理解とスキルのレベルの違いを試験中によく観察している。そして、生徒が

どのレベルにあるのか不確かであれば、生徒に直接質問をする。これによっ
て、生徒は相応の評価を得ることができている。

　公正性に関するもうひとつの点として、口頭試験が生徒の学びをつぶさに
測定できる機会であることを忘れてはならない。数学が苦手な生徒が試験会
場に何人かいるとして、彼らが口頭試問の問題を解くのに苦労することは想
像に難くない。しかし、教員は生徒が自らの手で問題を解くことができるよ
うに、口頭試験の時間中に手助けや指導をすることができる。こうした生徒
は、試験で高いパフォーマンスを発揮できなかったことも、自分の評点が高
くないことも十分承知している。ただ、少なくとも問題解決の一部を成功さ
せたという達成感を胸に教室をあとにすることができるのである。

　筆記試験の場合、こういったことはあり得ない。数学の授業だけでは理解
が十分でなかった生徒は、白紙のテスト用紙を提出することになってしまう。
これで公正な評価をしていると言えるのだろうか。どこまで生徒が理解し、
自らの知識を用いて問題解決できるスキルを持っているのかを測定できなけ
れば、その評価は公正とは言えないのではないか。デンマークで行われてい
る口頭試験は、こうした課題を乗り越えている公正な試験である。なおかつ、
先述のとおり生徒が何かをやり遂げたという実感を持って試験を終えること
が可能となっている。評価方法いかんで、生徒の学びに対するモチベーショ
ンは上がりもするし、下がりもするのである。デンマークの取り組みは、何
のために評価を行うのか、という本来忘れてはならない理念を我々に教示し
ている。

　具体的な事例で見てきたように、デンマークでは、日本の数学のテストで
測られているような数学的能力にとどまらない力を測定・評価している。グ
ループで導き出した結論の正誤だけでなく、口頭試験のプロセスの中でコ
ミュニケーション能力や推論する力などが評価されている。前節でも取り上
げたように、特筆すべきは、数学の評価についても英語などの語学系のテス
トと同様に、他者との対話・議論・コミュニケーションが含まれているとい
う点であろう。そして、他者との対話やコミュニケーションによって至るこ

とができたことについても、教員や外部試験官とのやり取りを経て、身につけている学力として認められているということである。仮説としていたヴィゴツキーが提唱した ZPD について、デンマークでは学力と見なされて評価されていると言える。

　関連する法律の中においても、生徒が歴史的、文化的、社会的文脈における数学の役割を認識・体験し、民主的な社会で一人ひとりが担う責任と、他者に与える影響力を慎重に関係付ける重要性が記されている[6]。そのため、他者との対話と共同作業を通じて解決するのに適した問題が出されているのである。

　このような試験の実施を可能にしている教員養成はどのように行われているのか、外部試験官はどのように選ばれているのかということについては、次章で扱う。

　※本章は、都留文科大学研究紀要第 92 集（2020 年、pp.69-80）に掲載された「デンマークにおけるテストと評価—義務教育修了試験・数学を事例に—」を大幅に加筆修正したものである。

注

1　Bekendtgørelse om formål, kompetencemål, færdigheds-og vidensområder og opmærksomhedspunkter for folkeskolens fag og emner（義務教育学校の教科・科目の目的、能力目標、技能・知識分野、留意点に関する政令）, af 14. december 2017. https://www.retsinformation.dk/Forms/R0710.aspx?id=199860（2020/04/19 最終確認）.

2　Børne-og Undervisnings ministeriet, Styrelsen for Undervisning og Kvalitet.（2019）"Vejledning til folkeskolens prøver i faget matematik- 9. klasse." https://www.uvm.dk/-/media/filer/uvm/udd/folke/pdf19/nov/191127-matematik-9klasse-proevevejledning.pdf （2020/04/20 最終確認）.

3　同上。

4　デンマーク子ども教育省 https://eng.uvm.dk/general-overview/7-point-grading-scale を参照（2020/04/19 最終確認）.

5　テグルスコフ氏は、UCL University College に所属している元教員の教育コンサ

ルタントである。2022 年 10 月 11、12、14 日にメールでインタビューを実施した。

6　Bekendtgørelse om formål, kompetencemål, færdigheds-og vidensområder og opmærksomhedspunkter for folkeskolens fag og emner（義務教育学校の教科・科目の目的、能力目標、技能・知識分野、留意点に関する政令）, af14.december2017. https://www.retsinformation.dk/Forms/R0710.aspx?id=199860（2020/04/19 最終確認）.

第5章　デンマークの教員養成課程
——どのように評価者を育てるか

　本章では、子どもたちが身につけた能力の評価をどのように行うのか、という問いについて、子ども一人ひとりの多様な学力について評価することができる評価者育成の観点からアプローチを行う。デンマークの教員養成課程の概要をはじめ、現行の教員養成課程の理念であるコンピテンス・ベースの導入背景と実践例、その測定方法を取り上げて考察する。また、義務教育修了試験における二人目の評価者である外部試験官についても検討を加える。

1.　教員養成課程の概要

(1) 教員養成系大学6校の教員養成課程

　デンマークにおける教員養成課程は、ユニバーシティ・カレッジ6校（KP、アブサロン、UCL、UCSyd、VIA、UCN）の複数のキャンパスに置かれている。教員になるためには、欧州単位互換制度（ECTS）の240単位に相当する学士プログラムで4年間の教育を受ける必要がある。

　これらのプログラムへの入学には、後期中等教育レベル（ISCED レベル 3Aの修了）が必須条件である。入学希望者は、成績平均値が ECTS のグレード Cに相当する 7.0 以上であれば、第1次入学試験（クォータ1）に合格することができる。学生の定員に余裕がある場合は、成績平均値の要件を満たさない学生でも、面接の結果およびその他の関連する資格に基づいて、第2次入学試験（クォータ2）に合格することがある。2015年にデンマークの教員養成課程に受け入れられた学生数は 2,943 名で、2011 年の 3,710 名と比較すると減少

傾向にあると言える[1]。

　教員養成課程では、学生は3つの科目を専門に学ぶ。最初の科目は、デンマーク語、数学、英語の中から選択する。残りの2科目は、ドイツ語、音楽、生物、体育、英語、歴史、地理、物理・化学、美術、科学・技術、社会科、工芸・デザイン、宗教の中から選択することになっている。VIA では、教育の基礎科目が 60ECTS、教科に関する専門科目は 90 〜 110ECTS、特別モジュールが 20 〜 40ECTS、教育実習が 30ECTS で、卒業プロジェクトが 20ECTS となっている。

　教育実習については、全8学期のうち、例えば第2学期、第4学期、第7

写真 5-1　ユニバーシティ・カレッジの1年生が年度初めに経験するグループ作りのアクティビティの様子

（UCN、2019 年 8 月筆者撮影）

学期に6週間ずつ行うことによって、大学で学んだ理論と実践を結びつける
ことができるカリキュラムが編成されている。ほとんどの学生は、教員免許
を持つことになる3科目について1回ずつ教育実習を行っている。とりわけ、
2回目の教育実習は国外で実施することが推奨されており、EU圏内はもと
より、アジアやアフリカの教育実習協定校において多くの学生が異文化の中
で教育実践に取り組んでいることがデンマークにおける教員養成課程の特徴
である。

(2) 教育学および教員の基本的な専門性 (KLM) の必修化

　2013年から教員養成課程の新しい科目に加えられている「教育学および教
員の基本的な専門性 (KLM)」は、現在の教員養成課程をとらえる上で重要な
ものである。KLMとは Kristen domsk undskab, Livsoplysning og Medborgerskab
（英語にすると、Christian Knowledge, Life Information and Citizenship）の頭文字を取っ
たもので、KLM自体は以前から教員養成課程に組み込まれていたものの、
2012年の政治的合意による改革によって教員養成課程にあらためて導入さ
れた必修の基礎科目である。教員養成課程の学生が「自由と民主主義のある
社会への参加、共同責任、権利と義務のために子どもを教育する」という義
務教育学校の目的を達成できるように備えなければならないという考えに基
づいている。この講義でベースとなる知識は、思想史や哲学、教育学、宗教
学といった領域から構成されている。

　世俗教育が行われるデンマークの義務教育学校において、教員になるため
に必要な科目としてキリスト教を冠に戴いている KLM が設定されているの
はどうしてなのか。一見すると、キリスト教中心の価値観を重視しているよ
うである。このことについて、2022年11月6日に対面で現職のデンマーク
人教員2名にインタビューしたところ、「子どもたちが良い市民になるよう
に導く力を身につけるため」という理由であることが確認できた。

　インタビュイーのうちの一人は、次のように教えてくれた「私ももちろん
大学在学中に KLM の授業を受けなければならなかった。今は、英語と社会、

そして宗教の科目の教員免許を持っている。世俗的な学校教育では、キリスト教だけに教育内容が偏ることはない。私が宗教の科目を教えるときにも、様々な宗教を取り上げるようにしている。聖書を題材にするときも、『聖書には1人の神が描かれているけれど、神を複数祀っている宗教もあれば、無神論者もいる』というように、多様な価値観があることを必ず教える。自分とは異なる価値観に対してオープンになることは、良い市民を構成する要素のひとつだと思う」。

もともと、教育学の科目や教科は、デンマークの教員養成課程の中で極めて重要な部分を占めていた。これは、教員養成系大学が教員養成課程の一般教養科目と専門科目との間の一貫性を確保するために積極的に取り組んできたということを示している。どの教員養成系大学においても、一般教養科目は必須の基礎科目であるが、一般教養が重視されているかどうかは大学によって大きく異なっていた。次節において後述する2012年の改革でこのばらつきに楔が打ち込まれ、2013年からどの教員養成系大学でも共通して必修の一般教養科目として、KLMが導入されたのである。

表5-1からわかるように、KLMは、2012年の改革前は2つの領域に分かれており、該当単位数も10〜30ECTS分少なかった。将来教員になる学生に対して、デンマークの教育理念や思想も教科の専門性と遜色ないレベルまで身につけられるようにカリキュラムが変容したと言える。特に、義務教育学校では子どもの人間形成に重点が置かれており、教科の専門性が強く求められる高校レベルの教員免許はユニバーシティ（大学）で取得するものという前提があることがこの改革内容に関係していると考えられる。

KLMのコンピテンス目標は、「教員養成課程の学生が、グローバル化した社会における教育、親との協働、学校に関連する倫理的、政治的、民主的、宗教的課題を関連付けることができる」こととされており、評価の対象となる具体的なスキルは、**表5-2**のとおりである。キリスト教をベースとしながらも、他宗教やデンマークの思想などについても幅広く学ぶことが求められている。

表 5-1　教員養成課程の変化

2006 年	2013 年
教育学、教授学および教育心理学 (33 ECTS)	教育学および教員の基本的な専門性 (KLM) (60-80 ECTS)
キリスト教の知識、生の啓蒙、市民権 (17 ECTS)	
2 つ以上の教科に関する専門科目 (144 ECTS)	通常 3 教科 (2 教科も可) の専門科目 (120-140 ECTS)
教育実習 (36 ECTS)	教育実習 (30 ECTS)
卒業プロジェクト (10 ECTS)	卒業プロジェクト (10-20 ECTS)

出典：Danmarks Evaluerings institut (EVA). (2018). *Almen dannelse i læreruddannelsen*, p.9, https://ufm.dk/publikationer/2018/filer/delanalyse-1b-almen-dannelse-i-lareruddannelsen.pdf (2021/11/28 最終確認).

表 5-2　KLM のコンピテンス目標 (抜粋)

スキル	知識
歴史および現在における、キリスト教、世俗化、宗教と学校のつながりと衝突を評価できる。	様々な時代の人間と人間形成に関連したキリスト教の物語、基本概念、影響の歴史について知っている。
様々な宗教や世界観に根ざした子どもや保護者との対話についての考察ができる。	キリスト教、ユダヤ教、イスラム教、その他の宗教の現状における人生観について知っている。
学校の伝統と日常生活における宗教的および文化的案件に対処し、評価することができる。	福音ルター派キリスト教における宗教、文化、政治との関係、その他の生活観、世俗化の種類、そして学校の日常生活への影響について知っている。
様々な種類の倫理的議論を適用して評価することができる。	生の啓蒙、倫理的伝統、それらの思想の歴史的背景について知っている。

出　典：Danmarks Evaluerings institut (EVA). (2018) *Almen dann else i læreruddannelsen*, pp.12-13, https://ufm.dk/publikationer/2018/filer/delanalyse-1b-almen-dannelse-i-lareruddannelsen.pdf (2021/11/28 最終確認).

表5-3　VIA オーフスキャンパスにおける卒業までのスケジュールの例

（2021 年入学者）

学期開始時期	2021.8①	2022.1②	2022.8③	2023.1④	2023.8⑤	2024.1⑥	2024.8⑦	2025.1⑧
教科①（デ／数／英）[2]	モジュール1	モジュール2	スペシャルモジュール		モジュール3（デと数） モジュール3a（英）	モジュール4（デと数） モジュール3b（英）		
教科②			モジュール1	モジュール2	スペシャルモジュール	モジュール3		
教科③デ／数以外						モジュール1	モジュール2	モジュール3
教科③デ・数の場合					モジュール1	モジュール2	モジュール3	モジュール4
教育の基礎科目と選択モジュール	KLM	KLM						
	教員と学校	基礎指導力	子どもの学習と発達	特別支援教育	選択モジュール（デと数のモジュール3の場合を除く）			第二言語習得
卒業プロジェクト							プロジェクト	卒業プロジェクト
教育実習（実習①2分割の例）	実習①-1	実習①-2		実習②国外			実習③	
ECTS	30	30	30	30	30	30	30	30

出典：VIA University College.（2021）. *Læreruddannelse Studieordning*, p.7 を参考に筆者作成．https://www.via.dk/-/media/VIA/uddannelser/padagogik-og-laring/laerer/dokumenter/aarhus/studieordninger/2021/aarhus-almen-2021.pdf（2021/11/27 最終確認）．

表5-3は、教員養成系大学への入学から卒業までにどのようなスケジュールで課程が進行していくかについて示している。この表の中で、KLMは、入学直後の第1クオーターおよび続く第2クオーターで教育の基礎科目として提供されていることがわかる。

KLMの授業で扱われる内容は、「グローバル化した社会で、教育、保育、学校教育に関連する倫理的、政治的、民主的、宗教的な課題に、慎重かつ省察的に対処できる」[3]という、法令に基づいたコンピテンス目標に沿って編成されている。

育成が目指されているコンピテンシーは、次のとおりである[4]。

- 多様な世界において学校の民主的・文化的責任を果たすためには、有能な教員が歴史的・現代的観点から民主主義、市民権、人権に関する知識を持つことが必要である。

- 複雑な職業倫理の課題に対処し、保護者や同僚と職業上の協力関係を結ぶためには、教員が人間観や倫理、推論の知識を持っていることが前提条件となる。

- 宗教的・文化的な教育内容について専門的に行動できるようになるためには、教員は世俗化を評価する能力とデンマーク社会における福音ルーテル派キリスト教の意義を含め、キリスト教と他の宗教の影響に関する基本概念と歴史について知識と理解を持つことが必要である。

以上のコンピテンシーを見てわかるのは、教員免許を取ることになる専門科目の知識と同様に、キリスト教や生の啓蒙[5]、市民権についての知識が教員の専門性に含まれており、子どもの多様な成長を促進し、デンマークの文化と歴史に精通させ、他国と異文化への理解を身につけることができる教員が求められているということである。

現代の教員に共通して必要な知識とスキルをKLMによって身につけることで、専門科目の内容を子どもに指導し、子どもたちの多様な学びを支援することはもちろんのこと、学校における文化の担い手、あるいは文化の創造者として発展していける教員を育てることが目指されている。

2. 教員養成に関わる現代の教育改革の軌跡

(1) コンテンツ・ベースからコンピテンス・ベースへ

　現在の教員養成課程のあり方に最も影響を与えているのが、2012 年を契機とした既述の教育改革である。一連の改革の端緒となったのが、2012 年に発表された新しい教員養成課程のためのフォローアップ・グループの報告書[6]である。この報告書の中では、教員養成のビジョンの基盤となるべき原則として、規制緩和と国際化が挙げられている。

　規制緩和の項目では、次のような提言がされている。教員養成の内容に関する細かく厳しい規制を緩和し、教員養成の組織と実施に関してユニバーシティ・カレッジに自治権や決定権を与えること。教員養成の国際化では、教員養成課程を通じて、教育や学習活動において国際的な視野を持つ重要性を学生に教育する必要があることに言及されている。具体的には、国際的な教育動向や海外留学を念頭に置いて、カリキュラムの構造(モジュール)、内容、実施時期などを調整しなおす必要があると強調した。

　その結果、教員養成課程は教員になるために必要な知識(コンテンツ)を重視する機関から、学生によるアウトプットまで評価が及ぶ、コンピテンスを重視する機関へと変化していったのである。これによって、学生が何をすべきかを細かく規定していたのが、学生が何をできるようになるべきかという目標、すなわちコンピテンス目標に置き換えられた。この時期の新しい試みとして、2013 年から教員養成課程はモジュールで構成されるようになった。

　各モジュールでは、教職科目、教育学関連の基礎科目、教育実習、卒業プロジェクトのいずれかに関連した 1 つ以上のコンピテンス目標を認定している。モジュールの構造と配置については、行政命令には記載されておらず、**図 5-1** のように各ユニバーシティ・カレッジが決定する。

　モジュールは、1 つのコンピテンス目標につながる単科的なものと、複数の異なるコンピテンス目標にまたがる学際的なものとがある。また、各モジュールは 10 ECTS で構成される。基礎モジュール／必修モジュールの他

VIA の英語科・モジュール 1 の例

英語科に関連する専門科目はすべて英語で実施され、モジュールには言語（外国語）習得のプロセスと戦略として、以下が含まれる。

1) コミュニカティブ・ティーチングを含む、言語についての理解、学習についての理解、および外国語の教授法、「教室の言語」として英語を使用できる英語のレベルに到達すること、

2) 音声学を含む発信（スピーキング、ライティング）および受信（リーディング、リスニング）スキルの統合、語彙の習得、コミュニケーション戦略、リーディングとリスニングの戦略、文法、

3) 口頭および筆記による学生の英語力分析、言語ガイダンスと授業の個別最適化、

4) 教員になったときに様々なレベルの英語で教えられるような学生自身の英語能力（口頭および筆記）、および国際的な学術討論への参加（英語での専門的な文学の読解を含む）。

図 5-1　英語科・モジュール 1 の例

出典：VIA 教員養成課程ウェブサイトを参考に筆者作成. https://www.via.dk/-/media/VIA/efter-og-videreuddannelse/paedagogik-og-laering/dokumenter/kiu/engelsk-faellesfag-kiu-modul-1-sprogtilegnelse-sprog-og-sprogbrug.pdf（2021/11/27 最終確認）.

に、ユニバーシティ・カレッジが提供する専門モジュールの中から必要な ECTS 分を選択することができる。学期末には、学生は習得した能力を証明するためのコンピテンス目標テストを受けることになる。

　2014 年になると、専門科目に関する能力向上が教員養成課程の至上命題となった。この年、デンマーク子ども教育省によって 10 億クローネ（約 190 億円）が義務教育学校の教員の能力開発のために確保され、「フル・コンピテンス（十全）」であることの必要性が義務教育学校に関する法律に明記された。

　フォルケスコーレ法の第 40 条第 7 項[7] において、「市議会は、市町村の学校の教員が教員養成課程を経て教育能力または彼らが教える科目における専門的能力を持っていることを確認しなければならない（コンピテンスの状態）」と記されていることが、これにあたる。また、2020 年 9 月に出された「職業

教育および専門学士教育に関する行政命令第15号」の第2条において、教員
養成課程を含む専門学士教育では学生に知識、スキルおよび能力を身につけ
させなければならない旨が示されている。

(2) 教員として身につけるべきコンピテンスの設定

　前項で述べたように、改革によって教員養成課程にコンピテンス目標が導
入された。この「コンピテンス・ゴール」は、大学教員と教員養成課程の学生
の両方に高い要求を伝えるツールにもなっている。また、コンピテンス目標
は、学生に対して設定された目標を強調するのに役立っている(表5-4)。まず、
免許を取得する教科科目についての高い専門性を持つこと、そして、その教
科科目を教えることができる高いコンピテンスを身につけることである。

　先にも事例として取り上げた、VIAの英語科・モジュール1[8]では、英語
科の教員養成課程を通して学生が身につけることが目指されているコンピテ
ンスとして、次の2つが設定されている。1つ目は、コミュニケーションお
よび学習の戦略とプロセスを含む、子どもの学習の前提条件と可能性に基づ
いて、個別最適化された教育を合理的に計画、実装、評価、改善できること
である。2つ目としては、外国語教授法に関する学生自身の実践と現在の研

表5-4　基礎科目におけるコンピテンス目標

コンピテンス1 (子どもの学習と発達)	単独あるいは他者と協力してコミュニティを作り、子どもの学習と発達を促進し、コミュニケーション能力の発達および多様な社会的文脈における紛争解決を考慮に入れた学習プロセスを主導することができる。
コンピテンス2 (一般的な教育能力)	義務教育学校での教育を合理的に計画、実施、評価、開発することができる。
コンピテンス3 (特別支援教育)	困難な学習状況にある子どものために特別に設計されたインクルーシブ教育を合理的に計画、実施、評価、開発することができる。
コンピテンス4 (第二言語習得)	言語的に多様な教室でバイリンガルの子どもの教育を合理的に計画、実施、評価、および開発することができる。

出典：Danmarks Evaluerings institut（EVA）.（2018）Almendannelse i læreruddannelsen, pp.9-10をもとに筆者作成. https://ufm.dk/publikationer/2018/filer/delanalyse-1b-almen-dannelse-i-laereruddannelsen.pdf（2021/11/28最終確認）.

究に基づく知識に基づいて、英語で行う教育を合理的に実施および開発することができることが挙げられている。

　第 1 章で触れたエンゲストロームの拡張的学習、つまり、1) 課題の発見、2) 分析、3) 解決策のモデル化、4) モデルの試行、5) モデルの実行、6) 省察、7) 新しい実践の生成と一般化、と類似した枠組みで英語科の授業を実践していける教員の養成が目指されていると言える。

(3) コンピテンス評価の事例

(i)一般教養の試験

　科目「一般教養」では、口頭試験が実施される。この口頭試験の基本資料となるのは、学生が作成した短いプレゼンテーションの文章である。

　文章の中で、学校における倫理的、政治的、民主的、宗教的な課題に関連する問題を学生が記述した上で、教育、保護者の協力、またはコミュニティ機関としての学校のいずれかに関連する問題に焦点を当てなければならない。学生は選んだ問題について、文化、社会、学校の背景にある価値観の分析と、教育実習を通じて得た経験に基づいて考察を行う。口頭試験では、学生は考察を行った問題についての発表を通じて、コンピテンス目標に記載されたスキルが身についていることを示すことが求められる。

　一般教養のテストは、学生の希望に応じて、個人で実施することも、グループテストで実施することも可能となっている。事前に準備しなければならない短文のプレゼンテーションの分量は、最大で 5 ページである。このページ数は、同時に試験を受ける学生数に対応して増減される (2 名の場合は 9 ページ、3 名の場合は 12 ページ、4 名だと 15 ページ)。

　試験を受けるのが 1 名の場合、試験時間は 30 分であるが、2 名だと 50 分、3 名だと 65 分、4 名では 75 分となる。

(ii)「教育学と職業能力」の試験

「教育学と職業能力」の科目は、2 種類の筆記試験と口頭試験で構成されて

いる。この筆記試験と口頭試験によって、主要な4つのコンピテンスが評価されている。

(a) 筆記試験 (レポート)

1つ目の筆記試験は、コンピテンス領域「バイリンガルの子どもの指導」に関連する、学生が作成したレポートによって評価が行われる。この課題では、学生が担当する教科の中から、第二言語としてデンマーク語を使用することに関連した問題に基づいた、教育状況、教育方法、専門的な教育支援のあり方を考察する。さらに、その考察に基づいて、バイリンガルの子どもがその教科やトピックを学習する際に経験する課題に対処するための、第二言語教育学に関する考察に基づく行動案を提示する。

科目としてのデンマーク語だけでなく、例えば数学をデンマーク語で教える際に、母語が外国語である子どもに対してどのような足場かけ (scaffolding) を行うかについて、学生は具体的に示さなければならない。

この試験は、学生の希望に応じて、個人またはグループで実施することができる。グループ試験として実施される場合であっても、レポートは学生が個別に作成しなければならない。レポートの分量は、個人試験の場合は10ページ以内であるが、2名のグループテストでは18枚以内、3名だと25枚以内、4名では30枚以内と決められている。教員経験のある大学教員と学内教員が評価を行う。

(b) もう1種類の筆記試験および口頭試験

この2種類のテストの結果に対して、1つの総合評価が与えられる。これらのテストは、「子どもの学習と発達」、「一般的な指導能力」、「特別支援教育」のコンピテンス目標を対象としている。

(ア) 筆記試験 (レポート)

大学で学んできた内容に基づいて、教育学分野のテーマと、教育に関連する専門的課題が設定される。テーマと課題は、「子どもの学習と発達」、「一般的な指導力」、「特別支援教育」を考慮したものでなければならない。それぞれの項目についてコンピテンス目標を設定し、事前に指導教員の承認を得

ることになっている。筆記試験では、指導期間と指導方法に関連した実際の事例をもとに出題され、学生は事例研究を紙の上で行うことになる。

　レポートの冒頭部分で行う問題提起は、決定したテーマと指導計画、指導案についての経験およびその分析に基づくものであることが求められる。学生は関連する理論や国内外の研究に照らして、議論の焦点化を行わなくてはならない。最終的に今後の展開および実践という観点から考察し、15ページ程度にまとめる。教員経験のある大学教員と外部試験官が評価を行う。

　　（イ）口頭試験

　口頭試験では、（ア）のレポートについて、分析、考察、発展的な視点を詳しく説明し、実践的な要素を盛り込んで試験官と話さなくてはならない。個人試験の場合は試験時間が 45 分であるが、学生の希望によりグループ試験となった場合は、2 名だと 75 分、3 名だと 95 分、4 名では 115 分となる。グループ試験の場合、少なくとも 1 名の学生は教育実習をしたことがあり、事例について知っていることが条件となる。教員経験のある大学教員と外部試験官が評価を行う。

　以上のように、改革を経て、コンピテンス目標を達成しているかどうかを測定するために、一般教養科目においても必ず口頭試験が含まれている。学生が理解しているかどうか、対面で対話を行いながら確認するということが非常に重視されていることがわかる。

3. 教育実習を通じたコンピテンス育成と評価

(1) 教育実習におけるコンピテンス目標

　教育実習においては、教授法（ダイダクティクス）、学級経営（クラスルーム・マネジメント）、社会的関係性（リレーショナル・ワーク）の 3 つの領域に分けてコンピテンス目標が設定されている。

　学部教職課程の 4 年間で 3 回行われる 6 週間ずつの教育実習において、各回で測られるコンピテンスの項目を領域ごとにまとめたのが、**表 5-5**、**表**

表 5-5　3 回の実習それぞれで測定される教授法に関するコンピテンス目標

スキルに関する目標（実習生は以下のことができる）	知識に関する目標（実習生は以下に関する知識を持っている）
1 回目の教育実習（レベル 1）	
他の実習生と協力して、授業の計画、目標設定、実施、評価を行うこと	デンマークの公立学校の目的と目標、子どものスキルと学習能力を考慮した計画の原則、教授法、子どもの活動の構成
教えることが子どもの学習に与える影響を説明すること	教育実習校での子どもの学習の評定と評価の種類
教え方を発展させるために、教える順序を分析すること	観察、データの収集、記録の方法
2 回目の教育実習（レベル 2）	
応用を重視した教授法やアクティビティを取り入れた授業など、様々な方法を用いて、他の実習生と協力して個別最適化された一連の授業を計画、実施、評価すること	教授法、個別最適化の原則、教材、ICT 活用
一連の授業と子どもの学習成果を評価すること	形成的、総括的な評価方法とテスト
指導を発展させるために、自らの授業や子どもの学習状況を観察すること	観察、データの収集、記録の方法
3 回目の教育実習（レベル 3）	
年間のカリキュラム全体を考慮しながら、他の教育実習生をはじめとした他者と協力して、個別最適化された長期的な授業案を計画、実施、評価すること	組織の方法、教育方法、コラボレーションの方法
子どもの学習成果と単元内の指導の全体的な効果を評価する	形成的、総括的な評価方法
自分および他者の専門的な実践を開発し、改善する	観察、データの収集、記録の方法

5-6、**表 5-7** である（出典は表 5-4 と同じ）。

　教授法とは、授業計画、実施、評価、改善と開発に関わるものである。教育実習では、他の実習生と協力して授業づくりを行うことから目標が設定されており、回を重ねるごとに目標が高くなっていることがわかる。デンマークで重視されている個別最適化された指導に関しても、2 回目の実習以降で取り組むことが目指されている。

　学級経営は、子どもが学ぶための環境を整え、発展させるものである。実

表5-6　3回の実習それぞれで測定される学級経営に関するコンピテンス目標

スキルに関する目標(実習生は以下のことができる)	知識に関する目標(実習生は以下に関する知識を持っている)
1回目の教育実習(レベル1)	
子どもに授業への参加を促し、管理すること	クラスルーム・マネジメント
2回目の教育実習(レベル2)	
子どもと協力して、クラスでの学習や社会生活のための明確な枠組みを構築すること	学級運営、学習環境、クラス内の社会的関係性
3回目の教育実習(レベル3)	
子どもと協力してインクルージョンを行うこと	学習環境、インクルージョン、紛争処理、いじめ

表5-7　3回の実習それぞれで測定される社会的関係性に関するコンピテンス目標

スキルに関する目標(実習生は以下のことができる)	知識に関する目標(実習生は以下に関する知識を持っている)
1回目の教育実習(レベル1)	
学びと幸福を促進するために、子どもとコミュニケーションをとること	コミュニケーション、子どもの幸福感、モチベーション、学習、子どもとの関係、子ども間の関係
学校の授業や目的・目標について保護者に伝えること	学校と家庭の連携
2回目の教育実習(レベル2)	
対話的な方法で、子どもや同僚と協力して授業を実施し、子どもが積極的に参加できるようにすること	コミュニケーション、魅力的な学習環境、モチベーション、ウェルビーイング
計画された授業の目的や内容について、保護者と書面や口頭でコミュニケーションをとること	口頭およびICTを利用したプロフェッショナル・コミュニケーション
3回目の教育実習(レベル3)	
すべての子どもが授業やクラスの社会生活に積極的に参加し、学校の様々な関係者と協力することを支援すること	子ども理解のためのコミュニケーション、対等なコラボレーション、インクルージョン
学校における子どもの参加や健康状態について、保護者とのコミュニケーションを図ること	学校と保護者との建設的な協力関係を促進する方法、保護者会や連絡会での協力形態

習生にはコミュニティ形成に関するスキルを身につけることが求められており、インクルージョンを実践することが目指されている。先ほど見た教授法で挙げられている目標と比べると、その数は少なくなっているが、社会情勢の変化が如実に反映される領域であることから、幅広いスキルや知識を更新していくことが必要となる。

　この領域で育成が目指されているのは、子どもや同僚、保護者、学校のステークホルダーと関係性を構築していく力である。子どもがよく学び、幸せな学校生活を送れるように、関係者との協力関係を築くことが大切にされている。幸福感やウェルビーイングに触れているところに、デンマークの教員養成の独自性を見出すことができる。

(2) 教育実習の評価

　教育実習科目は、内部試験（学内教員2名が評価を実施）と2つの外部試験（学内教員と外部試験官が評価を実施）で構成され、それぞれ7段階の評定で評価される。どのレベルの教育実習の評価を内部試験で行い、どれを外部試験で行うかは、各大学が決定する。試験は、各大学の計画に基づいて、教育実習の直後に実施される。教育実習の3つのレベルそれぞれで行われる試験では、教員養成課程全般に適用される3つの水準[9]に基づき、能力目標がどの程度達成されたかが評価される。

　評価は、教育実習における課題を含む試験の成績に基づいて行われる。教育実習期間中、学生は、様々なデジタルメディアや多様な形態の作品あるいはポートフォリオなどを用いて、自分自身や他者の教育実践を記録することが義務付けられている。インタビュー調査を行った学生の場合、教育実習で授業を担当している映像を3分間にまとめて試験に臨んでいた。

　教育実習の試験は、学生が持参した教材または実習のデモンストレーションとともに、教育実習のコンピテンス目標の中で選択した知識やスキルを含む学生の成果を説明する教育実習レポートに基づいて行われる。学生が持参した資料は、試験の参考になるだけで、評価には含まれない。試験は、教育

実習校または大学で実施される。試験は、個人で行うことも、グループ試験として行うことも可能である。

　レベル I（初回の教育実習）、レベル II（2 回目の教育実習）、レベル III（3 回目の教育実習）それぞれで課されるレポートの最大許容ページ数は、5 ページとなっている。ページ数はグループの人数に対応しており、5 ページというのは個人で試験を受ける場合の分量である。口頭試験の時間は 30 分で、グループ試験の場合は、時間割を編成して行う。試験参加の前提条件として、教育実習に関する課題を、必要な時に、必要な内容で提出することが学生には求められる。

　ここからは、ある学生が 1、3、4 年次に行った教育実習について作成した教育実習レポートを事例に、詳しく見ていくこととする。

(i)初回の教育実習（レベル I ）のレポート

　1 年次の教育実習はその学生を含む 3 名のグループで英語科を受け持ったため、教育実習レポートも 3 名の連名で提出している。目次から付録である指導案まで、合計 21 ページにわたっており、イントロダクション、課題設定、実習を行ったクラスの説明、分析の方法、事例と行動記録、結論から構成されている。

　1 年次の教育実習における課題としては、「教育者として、どうすれば授業への参加率を高めることができるのか。そのためにどのような行動や方法をとればよいのか」ということを設定していた。教授法では「個別化や学習形態によって、習熟度にばらつきがあるクラスのすべての生徒の理解度をいかに高めるか」、学級運営では「学級運営を通じて、教員が邪魔されないワークスペースを確保するにはどうしたらいいか」、人間関係では「生徒がより積極的に参加できるような安全な学習環境を提供するにはどうしたらいいか」が挙げられていた。事例と行動記録の項目では、それぞれの課題に関する事例を複数記述したうえで考察が加えられている。

　図 5-2 で示したのは、教育実習レポートのうち、「事例と行動記録」の項

98

> **Case 6 (Relationsarbejde)**
> Vi oplevede at en elev ikke ville lave de gruppeopgaver, vi havde sat i
> gang, da han ikke havde været der første gang. Praktiklæreren, Anders,
> fortalte os at elevens forældre var i gang med en hård skilsmisse, og det
> påvirkede eleven en del. Ved at anerkende elevens følelser, spurgte vi om
> ikke han ville lave noget grammatik alene i stedet, hvilket han gerne ville.
>
> Ovenstående case er et eksempel på god anerkendelse, hvor vi ikke presser ham ud i
> gruppearbejde han ikke kunne overskue rent psykisk, og det havde en god effekt hvor
> eleven også fik respekt for os, fordi vi tog hensyn til ham.

図 5-2　教育実習レポート「事例と行動記録」の一部

出典：クララ・キルケゴール氏の提供による.

目の抜粋である。レポート全体の6つめの事例として、人間関係に関するも
のが挙げられている。具体的には、英語の授業中にグループワークを指示し
た際に、生徒の一人に対しては精神的な負荷を考慮してグループに入れず、
その生徒への確認を経て、一人で文法問題を解くように変更したことが記述
されている。その結果、生徒一人ひとりの状況を認識することの重要性と、
配慮したことによって生徒から敬意を持たれるようになったと分析している。

　まとめとして、次のように記述している。「教育実習を通して、教えるこ
とだけに重きを置くだけでは不十分であることに気づかされた。したがって、
授業への参加を増やすためには、自分たちがどのように授業を行っているの
か、どのような文脈で生徒がその行動をしているのか、といった考えを盛り
込むようになった。授業を計画する上で、できる限りすべてについて考えて
おかなければ、私たちが望む学習成果を得ることはできない。特に、実習で
遭遇した問題の多くは、授業の内容ではなく、学習環境や私たちの態度に関
わることによって引き起こされたことに気づかされた」。

⑾海外での教育実習（レベルⅡ）のレポート
　既述のとおり、デンマークの教員養成課程では、2年次は大学での授業が

写真 5-2　教育実習先の日本の中学校で社会科の授業を実施している様子

（2019 年 9 月筆者撮影）

中心となり、通常 3 年次対象の 2 回目の教育実習は海外で実施することが推奨されている。この学生は日本で英語科と、2 つめの科目である社会科の教育実習を行い、筆者は日本での教育実習指導教員としてこの学生の指導を行った。

　デンマーク帰国後に提出された教育実習レポートは、1 名で提出する場合の上限である 5 ページとなっており、イントロダクション、事例、教授法の適切な選択およびカリキュラム、実習の分析、作成した動画についての説明、結論から構成されている。日本の一般的な高校 1、2 年生の生徒たちに英語を教えた 2 週間（他校での実習を含めた全体の実習期間は 5 週間[10]）に焦点を絞り、「生徒が普段の授業で慣れていないスキルを身につけるよう動機付けるために、どのような指導を編成するべきか」という課題に基づいて考察が加えられている。

　この設定課題は、教育実習初日に英語科の授業見学を行い、通訳などのサ

ポート役を務めた複数の日本人学生とのディスカッションを通じて決めたものである。日本の高校生が大学入試に向けて語彙や文法、読解を中心とした高いレベルの授業を受けている一方で、英語で実施する英語の授業に付いていけるだけのコミュニケーション能力が身についておらず、積極的に発言しないことに関する気付きに基づいている。デンマークにおける英語科の共通目標では、「英語という科目において、子どもは現在および将来の生活において英語を国内外で適用できるように、言語運用能力および異文化対応能力を身につけなければならない。英語に対する好奇心や意識を高め、外国語学習の基礎として適切な言語学習やコミュニケーション戦略を選択できるようにしなければならない」と定められている[11]。モチベーションを向上させることは、共通目標に掲げられている、英語に対する好奇心や意識を高めることと合致している。この学校における2週間の実習期間では、生徒のコミュニケーション能力の向上までは目指せない。そこで、生徒に対して英語を学ぶことへの動機付けを行うことを教育実習の目標にしていた。

　海外での教育実習を行う上で、その国の文化的背景や教育制度、特に入試制度のあり方についての知識は欠かせない。授業中、積極的に発言しない日本の教室文化や、文部科学省が提示している学習指導要領の内容、高校における定期試験や大学入試の形式に関して、教育実習事前指導の時間を中心に大学教員と対話を行うことで理解を深めていた。実習生が教えた教科書の範囲も高校の期末試験で出題されることから、期末試験を重視している生徒や教員が懸念を抱くことなく、しかも実習生自身が設定した目標を達成できる授業づくりを目指した。

　教育実習期間中の記録については、日本の大学で配布されるような実習日誌はなく、学生が記述しなければならない内容も異なっている。デンマークでは日々の記録（log book）のみならず、教育実習を通じて身につけたいコンピテンス目標に応じて学生が教育実習前に設定した課題の項目ごとに学生が省察し記述するオートエスノグラフィ（自己エスノグラフィ）が求められていることが特徴であろう。

⑶ 3回目の教育実習（レベルⅢ）のレポート

最終学年の4年次になり、この学生の最後の教育実習はコロナ禍の影響を受けながらコペンハーゲン市内の学校において行われた。担当科目は歴史である。レポートの巻頭言を見ると、「世界情勢の変化により、学校での日常生活はこれまでと違ってきている。これまでの教育実習で改善を加えてきた教材や経験をいかせるだろうと期待していたが、すぐにこの考えを改め、教材も教え方も変えなければならなかった」と記述している。

3度目の教育実習の当初は特に、子どもとの関係と教えるべき内容とのバランスをとることに苦労している様子がうかがえた。この経験を通じて、学生は良い授業とはどういうものであるのか再考することができ、良い授業を行うためには、既成概念にとらわれない考え方が必要であるとの結論に至っていた。

今回の実習における課題は、「授業の構成やグループワークの導入に焦点を当てつつ、歴史の教育目標に書かれているコンピテンシーを高めるにはどうすればいいのか」というものであった。

実践の分析には、オーストラリアの研究者・サーモン（2013年）による5段階モデルが用いられている。5段階モデルとは、1）アクセスと動機づけ、2）オンライン社会化、3）情報交換、4）知識の構築、5）発展、に分けられたオンライン学習を成功に導くためのモデルである。

1段階目の「アクセスと動機づけ」では、教員も子どもも、教室でテクノロジーを使うことに抵抗がないことが目指される。2段階目の「オンライン社会化」では、信頼、相互理解、尊敬に基づいて学習コミュニティを形成することが目標である。続く3段階目の「情報交換」では、学習コミュニティにおいて、教員と子どもがオープンに対話できる活動を行うことが重要である。4段階目の「知識の構築」では、教員は教え方をシンプルにし、子どもは自分の能力を活用することが目指される。最後の段階である「発展」においては、子どもは授業で経験したことや得た知識を振り返る。そのために省察的な質問をしたり、クリエイティブな作品を作製したりすることを通じて考えを深

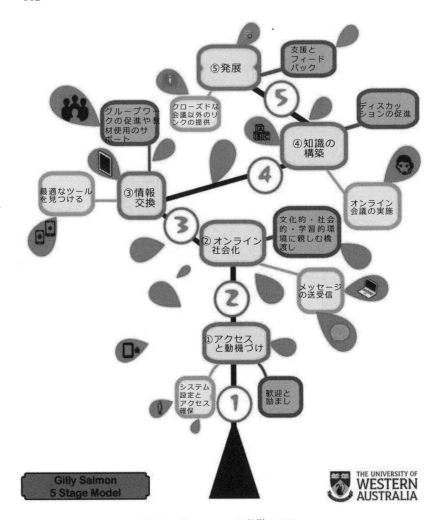

図 5-3　サーモンの 5 段階モデル

出典：Gilly Salmon ウェブサイトをもとに筆者作成．https://www.gillysalmon.com/five-stage-model.html
（2022/11/9 最終確認）．

めていく。このモデル (**図5-3**) では、「段階」という名称から想像される階段型や、ピラミッド型ではなく、木が枝を伸ばし、葉を茂らせていくイメージが用いられている。

　設定課題に関わる実践の分析および考察のためには、以上のような先行研究を検討することも必要である。省察的であると同時に、教員になる学生にはアクション・リサーチャーであることが求められている。

(3) 教員養成課程を締めくくる授業での評価——口頭試験

　教員養成課程における授業の最後での評価方法は、口頭試験であることが多い。口頭試験には、個別試験とグループ試験の2種類の選択肢がある。試験の形式については、大学で定めている学則において説明されており、評価方法はそれぞれの授業のシラバスで学生に対して示されている。また、「義務教育学校の教員を養成する大学における教育に関する行政命令」の第21条[12] に、評価目的が書かれている。

　試験では、コンピテンス目標がどの程度達成されたかが評価される。目標には、学生が1) 既知の知識、技能、基本的なプロセスを説明できること、2) 既知の状況や問題を応用して文脈を作り出し、分析できること、3) 教育実践において、独自の評価、代替的な行動や方法を必要とする新たな状況や問題について考察し、評価することができること、が含まれる。教員養成課程における試験の目的は、学生が初等・中等教育において当該科目の教育能力を発揮しているかどうかを評価することである (コンピテンス目標の表も、この法律の附則部分に記載されている)。個別試験では、グループで作成した課題に基づいて一人ひとりの学生が試験を受ける。グループの他のメンバーは、自分が割り当てられた時間以外に試験会場にいることはできない。教員は学生個々の理解度、達成度やパフォーマンスを測定することができる。

　他方のグループ試験とは、グループ全員が同時に集められて口頭試験を受け、評価が行われるものである。これまでに取り上げたグループ試験と同様に、グループ全員に対してひとつの評価がつけられるわけではなく、学生一

人ひとりにそれぞれの評価がつけられる。そのため、個々の学生の学修を確実に評価するために、グループ試験では学生一人ひとりに対して質問がなされる。個別試験と比べて学生一人あたりに割くことができる時間は少なくなるが、他のグループのメンバーに対する質問に関連して問いかけられるため、議論が深まる傾向にある。また、応答の様子によってグループ内での役割や課題を分担した割合を推察することが可能であり、グループ内比較も容易であることから、学生一人ひとりの評価を出しやすいという利点がある。

　口頭試験は、スウェーデン語、ノルウェー語、英語、またはその他の外国語で行うことができる。ただし、試験の目的が学生のデンマーク語の習熟度を証明することである場合は、デンマーク語で実施されなければならないと決められている。英語またはスウェーデン語、ノルウェー語以外の外国語については、当該言語で試験を実施するための条件が整い、大学が許可することが前提となる。一般的に、英語またはその他の外国語で提供されるプログラムまたは個々の科目については、試験はその教授言語で行われる。つまり、外国語で実施されている科目では、筆記の課題はデンマーク語以外の言語で課され、この課題が口頭試験の基礎となる。口頭試験も、課題で使用した言語で行うこととなる。

　口頭試験は、学生、大学教員および外部試験官との間で取り決めて、オンライン会議システムやスカイプ、あるいはその他の技術を利用して行うことができる。そのため、デンマークから日本に留学中でも、学生はオンラインでデンマークの所属大学の授業を履修し、筆記試験はオンラインで受け、スカイプなどのオンライン会議システムを利用して口頭試験を受けることも可能である。

　以上で見てきたデンマークの教員養成課程における学生の学びと成長について図式化すると、次の**図5-4**のようになる。

　教育実習を念頭に置いて図を見てみると、学生は学びの機会を得て（授業の実施）、学習環境、特に子どもの反応などが変化する状況下で授業を展開していく。その中で起こる活動や経験から瞬時に省察や思考をし、子どもや

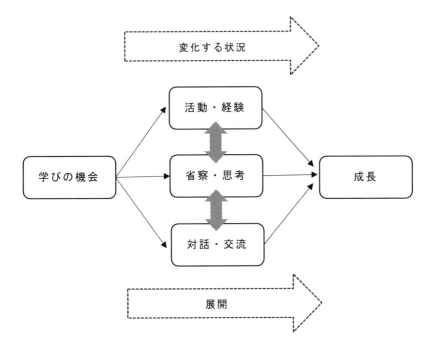

図5-4　教員養成課程における学生の学びと成長

出典：Eraut, M .（1994）. *Developing professional knowledge and competence* , Routledge Falmer を参考に筆者作成.

一緒に授業をしている実習生と対話や交流をしながら、また省察によって次の活動を行っていき、成長する。あるいは、この図について口頭試験の場面を想定すれば、大学教員との対話によって思考が深まり、さらに成長していく。学生が学び身につけたことは、学生それぞれによって大きく異なるのである。

　この学生の多様な学びの基礎となっているのは、活動・体験と省察・思考、そして対話・交流である。習得した知識やスキルを活用して特定の場面で複雑な要求に対処し、課題解決ができる能力を身につけているかどうか――いわゆるコンピテンス・ベースの理念が教員養成課程に導入され、口頭試験を含めて評価が行われていることが、多様性を認め育む教育を可能にしている

ひとつの要素である。

　教員養成課程を改革した目的が「教員が何を経験したかではなく、何ができるかに焦点を当てる必要があり」[13]、「教員が教育現場でよりよい準備ができるような、よりよい実践を行う」[14]ようになることであったため、デンマークの教員養成課程は、より実践に重きを置いて学ぶ場となっている。

　義務教育段階から教員養成課程の4年間に至るまで、一貫して子どもや学生の評価のためにコンピテンス目標を設定し、論述型を含む筆記試験および口頭試験を通じて多角的に評価できる仕組みを導入していることで、学生自身が教員となった後にこうした評価観と学力観に慣れ親しんでいるということも利点である。そして、輩出する教員のファシリテーターおよび評価者としての質の向上に役立っていると考えられる。

4.　口頭試験で子どもの能力を測定できる力——教員養成課程と外部試験官

(1) 数学教員養成課程における実践

　口頭試験と同じような形で実施される対話型の授業をし、口頭試験が担当しているクラスに当たった場合には生徒を評価することができる教員はどのように育成されているのだろうか。実際に教員養成課程で行われている授業を参与観察するために、2019年8月、デンマークの教員養成系大学であるUniversity College of Nordjylland（UCN）で授業見学を実施した。

　見学した授業は日本の理系学部の実験系授業のように3コマ連続で行われるもので、デンマークの大学では教員養成課程においても珍しいものではない。このときは、「バレーボールの試合で力が拮抗するように、このクラスの学生を3チームに分けなさい」という課題に基づいて実施されていた。

　学生はバレーボールの経験の有無や身長、腕の長さなど、チーム分けに必要な項目をできる限り列挙してそれぞれのデータを取り、より影響が大きいと考えられる要素を加味しつつ、クラスメイトを3つのチームに分ける作業を行っていた。授業の最後には、各グループがどのようにグループ分けをし

写真 5-3　授業中のグループワークの様子

（2019 年 8 月筆者撮影）

写真 5-4　発表の様子

（2019 年 8 月筆者撮影）

たか、注意した点は何か、その他考察したことを発表していた。

　この授業の担当教員であるスキッパー教授にインタビューしたところ[15]、デンマークの公立学校では、授業の多くがグループワークで行われるため、教員養成のための授業についても多くがグループワークで実施されているという。これは、コミュニケーション能力を含めて数学の学力を測定することと大きく関係していると考えられる。また、デンマークの教員養成課程では卒業までに取得する 3 つの教員免許のうちの 1 つ目にデンマーク語か英語ま

たは数学のいずれかを選ぶ際、語学に苦手意識があると、それほど数学が得意ではない学生も数学を選択することが多いという。そのため、公立学校で学ぶ内容を踏襲する形で、学生に数学の知識を定着させることも1つのねらいとなっている。

　この授業の評価は、3時間に及ぶグループでの口頭試験を含めて総合的に行われる。担当教員と、中学・高校・大学の教員のうち外部試験官として派遣されてきた教員（多くの場合、高校教員）の2名で評価する。数学の知識の度合いだけでなく、数学的表現を適切に用いながら説明ができていたか、積極性や参加度などのグループへの貢献度も評価対象になっている。これは、義務教育修了試験の口頭試験における評価の観点と同様であることがわかる。学生自身が教員になった後に子どもを評価する際と同様に、数学の知識をツールとして活用する力と、コミュニケーション能力を身につけることが重視されて自らの学びが評価されているという点は注目に値する。

　評点の4、2、0点については、いずれを付けるか判断が難しいため、教員は巡回中などに学生に問いかけを数多く行うことで、その学生の力をより正しく、一定の客観性を保ちながら測定しようとしている。

　客観性という点については、文学の解釈について生徒を評価するときと同じように、数学を活用した問題解決策を評価する際にも評価者の主観を完全に排除することは困難であると考えられる。しかし、学生の不利益にならないように外部試験官とのディスカッションを経て評点を出すという公正性の担保がなされている。

　さらに、数学の教職課程についてクレメンス教授にインタビューしたところ[16]、この大学では授業の前にグループで集まって自習・予習させ、授業はディスカッションベースで行っていることが多いという。授業は1学期あたり68回実施され、担当教員が学生の理解を助けるために追加で30回授業をすることができるようになっている。追加授業については、ほとんどの場合、学生からの要望に応じる形で実施されている。これだけの時間と労力をかけて学生を教えるのはなぜかと聞いたところ、学生の力が伸びると、その学生

が将来教えることになる子どもの力も伸びるはずだからだ、と答えてくれた。

　以上のように、デンマークでは、一般的な日本の教職科目の授業と比べて PBL（Problem-based Learning）がはるかに浸透している。学生を対象にした口頭試験においても、外部試験官とともにコミュニケーション能力を含めて評価が行われていることがわかった。

(2) 外部試験官に関するインタビュー調査

　次に、外部試験官とはどういった人たちであるのかを知るために、2019年8月16日、UCN のとなりにある公立学校のセミナリースコーレンから2名の教員がインタビュー調査に協力してくれた。彼らのうち、1名は外部試験官である[17]。

　外部試験官は、科目ごとに所属先の学校長が当該教員の能力を承認および推薦して任命され、5月から6月に実施される口頭試験で生徒を採点するため、2校に派遣される。派遣先の学校は、子ども教育省の担当部署（Styrelsen for Undervisning og Kvalitet）から3月中旬に指定される。送られてくるリストには、学校の名前や住所と併せて、科目と対象学年が記載されている。

　外部試験官になるには、直近の3年間で一度以上、9年生または10年生の担当クラスが口頭試験の対象に指定され、口頭試験の評価まで経験している必要がある。デンマークには現在140名程の外部試験官がいるという。口頭試験の期間中、学校は外部試験官になった教員に通常と変わらない金額の給与を支払い、交通費や宿泊費、研修などにかかった経費は電子申請（RejsUd）を通じて子ども教育省の担当部署（Kontor for Prøver, Eksamenog Test; 試験事務局）が支払うことになっている。

　外部試験官の主な仕事は、口頭試験の時間中にできる限り詳細に記録を取ることである。そして、その記録は試験後3か月間にわたって保存しなければならないと決められている[18]。また、生徒が発表するときなどに、より明確な説明が行えるように助け舟を出したり、評価をリードする立場にある教員の質問が偏っていた場合には全体のバランスを取るような質問を行ったり

する。試験をリードする立場にある生徒が自信を持って取り組めるように取り計らうこともあるという。生徒が教員から公平に扱われていることを確認する、口頭試験の縁の下の力持ちのような存在が外部試験官なのである。

　任命された後は、3年ごとに担当窓口に申請して外部試験官の資格を更新することになる。毎年3月頃には外部試験官対象のセミナーが実施されるなど、研修システムも確立されている。今回のインタビュイーは、このセミナーで講師を任されている教員だったため、この内容についても聞くことができた。

　科目ごとに行われるセミナーでは、事前に参加者（当然、全員が外部試験官である）に配布された最新版ガイドに基づいて、口頭試験でしなければならないことや気を付けるべきことなどを確認した後、実際の口頭試験を想定した演習を行うという。演習は講師や他の参加者がディスカッションを活発に行いながら進められる。講師はポイントを教えるというわけではなく、参加者に口頭試験の際に何ができるか提案し、彼ら自身でさらに考えを深めるように導くのだ、と説明してくれた。

　このように、外部試験官についても、客観性と公正性を担保するシステムとして機能しているということがわかった。

　口頭試験制度とその実施を可能にしている教員と外部試験官について、本節では大学の教員養成課程における授業見学および担当教員へのインタビュー調査と、外部試験官へのインタビュー調査を通じて考察を行った。外部試験官に関しては、教員として口頭試験を経験したことがあり、校長が認めた教員でなければならないという前提条件があることがわかった。また、毎年実施される研修では、選ばれた外部試験官がファシリテーターとなってワークショップ形式で学びあうという実践内容も聞き取ることができた。

　以上のように、デンマークにおける教員養成課程や、現職教員を対象にした外部試験官対象の研修では、省察やメタ認知（考えることを考えること）が促されるような活動が種々織り込まれ、教員の評価リテラシーを高める取り組みがなされている。

(3) 教員に求められているコンピテンシー

　教員養成課程の学生をはじめ、外部試験官を含む教員について、学力観を反映した授業を行うファシリテーターとして、また、公正な評価を行う評価者として育成が図られているコンピテンスを抽出しまとめたものが、**表 5-8**である。

表 5-8　デンマークの教員に求められているコンピテンシー

1. 認知的要求度の高いタスクをデザインする力
2. 科目のコンテンツを学ぶための戦略を教える力
3. 個別最適化できる指導力
4. 教科の内容を学習者の予備知識と結びつける力
5. 科目特有の内容を学習者の個人的／文化的なものと結びつける力
6. 学習者の理解を深めるための表現／モデル／例の活用力
7. 学習者のテクノロジー利用を促進する力
8. 学習者の考えを理解し、それに応える力
9. 教室での議論を促進する力
10. 時間と学習者の行動についての管理力
11. 社会性と情動に関連した学習環境を維持・促進する力
12. 学習者に課題別のフィードバックを行う力

注：学びの主体については、子ども、生徒や学生など多岐にわたるため、学習者と表記した.
出典：各教員養成系大学のウェブサイトおよびデンマーク子ども教育省 https://www.retsinformation.dk/eli/lta/2015/1068#Bil3 (2022/11/9 最終確認) を参考に、筆者作成.

　表 5-8 の 1 にある、認知的要求度の高いタスクとは、学習者が思考を深め、批判的あるいは分析的に考察や判断、表現することが必要となる場面を指す。口頭試験の問題を作成するのはそのクラスの教員であるため、このようなコンピテンスは必須である。そして、2 において科目のコンテンツ（学習内容）を教える能力ではなく、コンテンツを学ぶための戦略としたのは、学習者の得手不得手などを考慮に入れながら多様なアプローチを示す能力を指す。これは、3〜5 に記載した個別最適化する力や学習者の予備知識やバックグラ

ウンドと関連付ける能力とも密接に関わっている。

6 の表現、モデル、例の活用力は、授業や評価が対話やディスカッションを通じて行われることと関係が深い。概念（コンセプト）のとらえ方を示す能力とも言い換えられる。7 にあるテクノロジー利用を促進する力は、DeSeCoの議論にもあった、ツールを活用する能力を育成することを企図するものである。

8 ～ 10、12 については、6 と同様に、授業および評価がディスカッションベースであることから求められる能力である。11 の社会性と情動に関連した学習環境とは、学習者が情動を理解およびコントロールし、他者と協働しながら課題解決や意思決定を行える知識、態度、スキルを身につけて効果的に活用できる学習環境のことで、事例として取り上げた数学の口頭試験ではまさにこのような学習環境を整え、発展させることが望まれている。

デンマークでは教員がこうしたコンピテンシーを身につけることを通じて、多様性を認め育む教育を可能にしているのである。

注

1　Uddannelses-og Forsknings ministeriet.（2015）*Opt ag 2015.* "Tabel 1.2: Udvikling i antal optagne på udvalgte uddannelser 2011-2015," p.4. https://ufm.dk/uddannelse/statistik-og-analyser/sogning-og-optag-pa-videregaende-uddannelser/2015/notat-om-endelig-optagelsestal-2015-pr-1-oktober.pdf（2021/11/27 最終確認）.

2　デ：デンマーク語科、数：数学科、英：英語科の教員免許を取得希望であることを示す。

3　BEK nr 593 af 01/05/2015「義務教育学校教員としての職業学士養成に関する条例」, https://www.retsinformation.dk/eli/lta/2015/593（2022/11/10 最終確認）.

4　UC Syd.「教職課程に関する情報」, https://www.ucsyd.dk/uddannelse/laerer/regler-og-rammer-laereruddannelsen（2024/3/5 最終確認）.

5　「生の啓蒙」は、デンマーク国民教育の父と呼ばれるグルントヴィ（N.F.S. Grundt vig, 1783-1872）が教育の目的として掲げた思想である。学びは教室の中だけでなく生活を通して学び合い、生きている言葉（det levende ord）による対話を重視することによって実現されるものとされた。

6　デンマーク子ども教育省ウェブサイト https://ufm.dk/uddannelse/videregaende-uddannelse/professionshojskoler/professionsbacheloruddannelser/laereruddannelsen/kommissorium-for-folgegruppen-for-ny-laereruddannelse（2021/11/27 最終確認）.

7　デンマークにおける法律検索ウェブサイト https://www.retsinformation.dk/Forms/r0710.aspx?id=196651（2021/11/27 最終確認）.

8　VIA 教員養成課程ウェブサイト https://www.via.dk/-/media/VIA/efter-og-videreuddannelse/paedagogik-og-laering/dokumenter/kiu/engelsk-faellesfag-kiu-modul-1-sprogtilegnelse-sprog-og-sprogbrug.pdf（2021/11/27 最終確認）.

9　BEK no1068 of 08/09/2015「義務教育学校の教員を養成する大学における教育に関する行政命令」https://www.retsinformation.dk/eli/lta/2015/1068（2022/11/9 最終確認）.

10　本来の教育実習期間は 6 週間であるが、日本の教育実習生の拘束時間はデンマークと比べて長時間に及ぶため、デンマークの教員養成大学との話し合いを経て、日本では 5 週間の教育実習を行うこととした。

11　デンマーク子ども教育省ウェブサイト "Læreplan Engelsk 1.2 Formål," https://www.uvm.dk/-/media/filer/uvm/udd/fgu/2019/apr/190426-laereplan-engelsk.pdf（2022/11/9 最終確認）.

12　Rets information, "BEK no1068 of 08/09/2015," https://www.retsinformation.dk/eli/lta/2015/1068（2022/11/9 最終確認）.

13　Forligskredsen bag læreruddannelsen.（2012）"Aftaletek st: Reform af læreruddannelsen," p.1. https://ufm.dk/lovstof/politiske-aftaler/reform-af-laereruddannelsen/reform-af-laereruddannelsen.pdf（2021/11/28 最終確認）.

14　同上、p.5.

15　アネット・スキッパー教授へのインタビューは、2019 年 8 月 14 日に実施した。

16　ハイディ・クレメンス教授へのインタビューは、2019 年 8 月 14 日に実施した。

17　調査に協力してくれたのは、ピア・マーシャル先生とトム・ラーセン先生である。ラーセン先生が外部試験官に任命されている。

18　BEK no1128 of 14/11/2019（義務教育学校における試験に関する通達）の第 51 条に明記されている。

第6章　デンマーク旧植民地のグリーンランドにおける学力観と評価観

　本章では、デンマークの旧植民地であり、現在は自治領となっているグリーンランドについて事例研究を行う。デンマークの学力観と評価観が別の歴史・文化を持つ土地の異なる文脈で実践されている実態を分析することで、核となる考え方を浮き彫りにすることを目指す。デンマークにおける教育の核となるものが明らかになることで、本書の研究課題である「多様性を認め育てる教育はいかにして可能か」という問いに対する答えのひとつが浮かび上がると考える。

1.　グリーンランドの概要

　グリーンランドは人口が約 57,000 人の、北極圏にある世界最大の島である。1721 年にグリーンランドを領有したデンマーク[1]が、植民地[2]の近代化政策の一環として、既存のコミュニティを解体し、計画都市に人々を再定住させる取り組みを行った[3]が、永久凍土などの厳しい地理的条件[4]によって、人が住める場所はフィヨルドの沿岸部に分散している。現在でも都市と村落間を結ぶ道路はほとんどなく、人々は船や飛行機、ヘリコプター、スノーモービル、犬ぞり[5]などで移動しなければならない。

　村落部 (settlement) の人口は、数十年にわたり減少し続けている。第二次世界大戦の頃には、200 人以下の小さな村で暮らす人々の割合はグリーンランド人口の 70% を占めていたが、今では都市部に全人口の 90% 以上が集中している。とりわけ、首都であるヌークには人口の三分の一が住まう他、シシ

ミウトとイルリサットの2つの都市に人口が集中している。村落部にはない教育や職業の機会を求めて、若い世代がグリーンランドの都市部へと流出しているからである。女性は、就学および就労の機会が伝統的に少ないグリーンランドから離れて国外に移動する傾向にある。

村落部ではいまだに、男性は狩猟や漁業で家計を支え、女性は子どもを産んで家庭を守るという伝統的な性別役割と社会的規範が根強く残っている。村落部では教育を受けた女性が活躍できる場がほとんどないため、親が女子に教育を受けさせたいと願う意識も都市部と比べて希薄である。

グリーンランドの概要を語るうえで忘れてはならないのが、自殺率の高さとGDPに占める教育費の割合の高さであろう。2016年、年間自殺者数の世界平均は10万人あたり16人であった一方、グリーンランドでは、同10万人あたり82人にのぼった[6]。北欧福祉社会問題センター（the Nordic Centre of Welfare and Social Issues）によると、グリーンランドにおける10代と20代の若者の23％が自傷行為をしたことがあると回答している。アルコール依存症

写真6-1　1897年頃のグリーンランドの児童と教員

（グリーンランド国立博物館蔵）

の社会問題化など、自尊感情の低さはデンマークによる植民地支配が根本的な原因であると考えられている。

　そして、GDP に占める教育費の割合は、世界銀行の 2018 年のデータ[7] によると 10.6％ となっている。OECD 加盟国の平均値が約 5％ で、日本が 4％ という状況[8] である。人口規模が小さく、公教育が普及しているとは言い切れない国だからこそ、このような割合の高さになっていると言える。

　図 6-1 が示すように、グリーンランドの義務教育修了率は男性で 55％ ～ 60％ 程度、女性では 45 ～ 50％ 程度となっている。この状況はグリーンランドの自治が認められて以来ほとんど変化がない。別のデータを用いて教育の普及状況をまとめてみると、表 6-1 のようになる。

　表 6-1 と、先ほどの図 6-1 とを比較してみよう。図 6-1 では義務教育を修了している 20 代男女が約 55％（2004 ～ 2006 年のデータ）となっており、残りの約 45％ は未修了であることがわかる。それが、表 6-1 においては義務教育未修了者が 1 割強（2004 ～ 2006 年）となっている。つまり、30 代以降の年齢で義務教育を修了する者が相当数いるということが読み取れる。グリーンランドも、旧宗主国のデンマークと同様に、生涯学習社会が実現している。

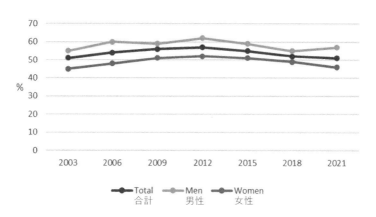

図 6-1　グリーンランドで義務教育を修了した若者（25 ～ 29 歳）の割合

出典：Nordic Statistics, https://pxweb.nordicstatistics.org:443/api/v1/en/NordicStatistics/Education/Levelofeducation/EDUC11.px（2022/11/10 最終確認）.

表 6-1　グリーンランドにおける最終学歴の割合

最終学歴	1994 年	2004 ～ 2006 年
義務教育未修了	22%	10.8%
義務教育修了	54.3%	43.4%
試験 1 年延長義務教育修了	11.1%	18.9%
後期中等教育修了	6.8%	17.2%
現在も学生	3%	4.0%
その他	2.8%	5.7%

出典：Survey of Living Conditions in the Arctic 2004-06, https://iseralaska.org/static/living_conditions/ (2022/11/10 最終確認) をもとに筆者作成.

2. グリーンランドにおける教育の展開

(1) 歴史的変遷および概要

　グリーンランドの義務教育は、7才[9]から 16 才の子どもを対象に、無償[10]で行われている。グリーンランドにおける公立の義務教育学校は、デンマークと同様、市町村（自治体）が管轄している。学校における教育内容に関する基準は議会が定め、学校の運営については自治体が決定する。グリーンランド国内の自治について定めた 1979 年の自治政令（Home Rule）制定以降、教授言語としてイヌイット語のひとつであるグリーンランド語（Greenlandic）を使用することになっている。

　教育は、「初等・中等教育に関する 1990 年 10 月 25 日付規則第 10 号」によって規定されている。この規則によって、義務教育段階における言語の統合が義務づけられた。従前は、母語別のクラス（グリーンランド語またはデンマーク語）が用意されていたが、3 年間の試行期間を経て、1994 年からは同一のクラスで異なる母語話者の子どもが共に学ぶように変わった。

　2005 年には、グリーンランド議会が「政府の教育提案（Landsstyrets uddannelsesplan）」[11]と呼ばれる初の教育プランを立ち上げた。この教育改革の目的は、公教育を量的にも質的にも強化することであった。教育プランが策

定された 2005 年当時は、グリーンランド国内で教育を受けた人のレベルが他の北欧諸国と比較して低いことが問題視されていた。特に、後期中等教育修了レベル以上の能力を持っている労働者が労働市場人口の 3 分の 1 しかいないという状況は、喫緊の課題として取り上げられた。

　2020 年までに後期中等教育修了レベル以上の労働者の割合を全体の 3 分の 2 に増やすことが目標となり、2012 年までの第一段階では (1) 義務教育を修了した生徒が後期中等教育段階に進学することと、(2) 失業のリスクを低減し、建設・観光・インフラなどの成長産業からの労働力需要に応えるために、50 歳以下の未熟練労働者に対して能力開発を行うこと、の 2 点に主眼がおかれた。そして、2013 年から 2020 年までの第二段階では、後期中等教育段階を終えたより多くの生徒が高等教育機関に進学することを目指して改革が行われた。

　この改革を支えたのが、2006 年に EU[12] と締結したパートナーシップ協定による資金である。2007 年から 2013 年までの間に、教育セクター専用の予算として毎年 2 億デンマーククローネ (約 40 億円) がグリーンランド政府に支払われている。

　こうした予算を利用した整備を経て、グリーンランド全土には、およそ 100 校の義務教育学校が設立されている。通常、グリーンランド語は幼稚園から義務教育の最終学年である 10 年生まで教えられ、デンマーク語は第二言語として 1 年生から学ぶ。第三言語である英語は、3 年生までに導入されることが必須となっている。イヌイット (カラーリット) 語であるグリーンランド語を公教育の教授言語にしているグリーンランドは特殊な事例である。

　義務教育は、次の 3 段階に分かれて実施されている。(1) 第 1 段階：1 年生から 3 年生までの 3 年間、(2) 第 2 段階：4 年生から 7 年生までの 4 年間、(3) 第 3 段階：8 年生から 10 年生までの 3 年間、の計 10 年間となっている。デンマークと比べて、義務教育期間は 1 年間長くなっているが、制度的にはデンマークとほぼ同じである。

　義務教育段階においては学校に通う、ということが義務ではないため、保

護者はホームスクールを選択することができる。これは、グリーンランドは
国土が広く交通手段も限定されていることによって、都市部以外では家から
通える場所に学校がない場合が多いことに起因する措置である。ホームス
クール制度を利用するためには、居住する地域の教育委員会による承認が必
要であり、継続的に教育状況がモニタリングされることになる。なお、本章

写真 6-2　グリーンランドの村落部の学校外観（上部）、同校の低学年クラスのおやつ
　　タイム（左）、同校の高学年クラスのグループ学習（右）

（2022 年 9 月筆者撮影）

では学校教育に絞って検討を行う。

　学校では、子どもの習熟度に応じて2つのレベル別の授業が提供される。中には3つのレベルに分かれて授業を展開している学校もあるが、村落部の学校では子どもの数が少ないこともあり、習熟度別クラスを展開していない。レベルチェックを受けることで、子どもはレベルの高いクラスに移動することができるようになっている。

　義務教育修了後は、卒業生のおよそ半数がグリーンランドの都市部あるいはデンマークの継続教育機関 (continuation schools) で1年間の継続教育を受ける。その一方で、義務教育学校卒業後すぐに高校 (ギムナジウム) に進学する生徒は15%に満たない[13]。高校があるのは4つの大きな都市のみであることから、後期中等教育へのアクセスは制限されていると言える[14]。

　高等教育機関には、職業教育カレッジが6校あり、大学は首都ヌークにあるグリーンランド大学[15]1校のみである。そのため、大学に進学する場合は、デンマークをはじめとするグリーンランド以外にある大学が選択肢に入りやすくなっている[16]。グリーンランドは国旗も国歌も独自に定められているが、国としてはデンマークの一部であると見なされるため、デンマーク国民として無償でデンマーク本国の大学まで進学することができることがその誘因のひとつと考えられる。

(2) カリキュラムと評価観

　グリーンランドの義務教育学校のカリキュラムは、デンマークの子ども教育省が作成している。教員が教育を行う際のガイドラインや、教材、評価の観点としても用いられている。学校教育に関する法律や目標については、デンマークのフォルケスコーレ法や、学年ごとの目標に関する法令、ならびに義務教育学校の教科および科目に関する学習目標がグリーンランドでも導入されている。

　第1段階 (1〜3年生) におけるグリーンランド語のカリキュラム[17]を見てみると、グリーンランド語教育の目的が次のように述べられている。

　第1項：教育の目的は、子どもがグリーンランド語の話し言葉と書き言葉を自信とニュアンスを持って理解し、口頭でも書き言葉でも、はっきりと様々な方法で自分を表現できるように、知識と技能を習得することである。子どもが他の学問や一般的な学習の基礎として、言語的、概念的な基礎を確実に身につけられるような指導をする。また、子どもが自分自身の観察を通して、言語的および非言語的なコミュニケーションの形態に対する認識を深めることができるようにしなければならない。子どもたちは、グリーンランド語の形式と機能の両方について、知識を習得し、認識を深めるべきである。

　第2項：指導は、子どもの個人的なアイデンティティと自尊心を強化することに寄与するものでなければならない。指導は、子どもが経験し、評価し、考察し、立場を決め、感情、経験、知識、態度を表現する意欲と能力を促進するものでなければならない。子どもが自分の言語能力の発達を認識し、自分の学びに責任を持つことができるようにしなければならない。

　第3項：教育は、子どもが知識と経験の伝達、協力、その他すべての人間関係において重要なツールとしての言語を経験することに寄与するものでなければならない。教育は、子どもが自分自身や他人の状況を理解する手段として、言語を使用することを奨励するものでなければならない。

　第4項：子どもたちは、言語と文学の知識を体験することによって、言語的・文化的共同体の意味をよく理解するようになる。子どもたちは、指導を通して、グリーンランドの文化および他の文化との相互作用についての理解を深めるものとする。教育は、子どもが民主的な社会で活動する市民として成長することを支援するものである。

　このカリキュラムから、教育の目的と子どもに習得させたい能力を項目ごとに抽出してみると、第1項では、グリーンランド語という言語科目に関す

る基本的な知識と技能の習得、第 2 項では、子ども一人ひとりのアイデンティティと自尊心の強化、意欲と能力の促進と学びへの責任を持たせること、第 3 項では、ツールとしての言語の習得と活用、第 4 項では、共同体および相互作用の重要性と子どもを民主的な社会の構成者として育成すること、が書かれている。これらは、第 1 章で見てきた DeSeCo のキー・コンピテンシーを網羅する内容であり、これまでの章で見てきたデンマークにおける学力観とも合致している。

　上述した第 1 段階のグリーンランド語のカリキュラムにおいては、次のように記述されている[18]。

　　人はそれぞれ異なる方法で学ぶ。だからこそ、一人ひとりの子どもが学校教育から最大限の利益を得られるように、感覚や経験を重視するような様々な活動や指導方法を用いることが重要となる。また、多様な教授法を用いるという原則のもと、子どもたちが意欲と刺激を得られるよう、学校教育の制度を柔軟に設計する必要がある。

　　子どもの言語的発達を促進するためには、子どもの現在の発達段階を把握した上で教育が行われることが重要である。また、子どもたちが肯定的なフィードバックを受け、会話を経験することで、自分の話を聞いてもらっていると感じ、自分が発しているメッセージに関連してさらなる情報を求められることが重要である。

　　子どもは教員から文法的に正しい文章で話しかけられ、同じように話すように導かれるべきである。

　　文学作品を読むときは、その内容について議論し、関連づけることが重要であり、また、学んだことを他の文脈で応用する機会を子どもたちに与えることが重要である。読書教材を選ぶ際、教員は選んだ教材を子どもたちに紹介し、その本を読む目的を理解させる。また、子どもたちは、さまざまな形の文章を書く目的をあらかじめ知っておく必要がある。原則として、書くことは宿題としてではなく、学校での過程を重視した

写真 6-3　プロジェクトに取り組む生徒たち

（グリーンランド、2022 年 9 月筆者撮影）

ライティングとして行われるべきである。

　対話、読書、作文、プロジェクトワークなど、さまざまな作業方法の中で、子どもたちが支え合い、協力することを学ぶことも重要であり、また、教員と子どもたちが支え合い、協力することも大切である。「聞いたことは忘れ、見たことは覚え、体験したことは理解する」ということわざの解釈としての、「子どもが最もよく学ぶのは、具体的な物事を扱うとき、そして創造的で楽しい側面が指導に含まれるときである」という言葉は、指導の際に心に留めておくことが重要である。また、子どものやる気や興味を起こさせ、維持させることも、計画段階から念頭に置いておくことが大切である。

　活動、会話、議論、対話、プロジェクトワークといった、デンマークで重要視されている教授・学習の方法は、グリーンランドにおいてもカリキュラムの冒頭部分で記載されている。それと同時に、子どもの学びに関するグリーンランドのことわざが引用されているところは、デンマーク子ども教育省が作成しているカリキュラムでありながら、デンマーク型の教育はグリーンランドのバックグラウンドと齟齬がなく、グリーンランドが大切にしてきた文化とも調和するものであることを主張している。

　次に、評価についてどのように記載されているか同カリキュラムを確認してみると、以下のとおりであった[19]。

　　最も低学年のうちは、毎日の課題、プロジェクト、小目標をパネルに書き、その期間の終わりに、子どもたちがその結果について話し合うことができる。私たちは何を達成したのか。どう学んだのか。次に何をすべきか。

　　中・高学年では、その期間の小目標や計画された活動、作業内容をパネルに書き、例えば中間や期末の評価のために掲示することができる。その際、次のような問いかけがなされる。何がうまくいったのか。今後どのように進めていくか。

　　最終的な評価では、子どもたちは、最初に問題提起を行い、対応策を書くように指導される。これは、評価の基礎として使用することができ、成果物と協働についての評価と合わせて成績がつけられる。

　以上の評価についての記述でわかるのは、「対話を通じて子どもに考えさせる」という姿勢が教員に求められていることである。1年生のうちからクラスメイトと話し合いをすることが求められ、成果と課題を子どもたち自らの省察活動で浮き彫りにすることが求められている。

　そして、最終的な評価では他の子どもたちと協働しているかどうかや、デンマークの学校に通っている子どもや教員養成系大学の学生と同じように、

課題設定を行ったうえで議論を展開していくレポートを書くことになっている。以上から言えるのは、グリーンランドではデンマーク本国で編成されたカリキュラムに則って教育を行うことによって、非常にデンマーク的な学力観と評価観をも受容しているということである。そして、教員も子ども自身も子ども一人ひとりの得手不得手を認識しながら、それぞれの多様なさまを受容し評価しているのである。

3. グリーンランドにおける学力測定と評価

(1) 10 年生対象の義務教育修了試験

　村落部から都市部へと子どもたちが集められて実施される、8 年生から10 年生までの第 3 段階では、10 年生の学年末に義務教育修了試験が行われ、修了した子どもは義務教育修了証書を受け取ることができる。卒業した子どもは、グリーンランドで進学もしくは奨学金をもらってデンマークで後期中等教育や職業訓練を受けることができる。この節では、義務教育修了試験と学力テストについて概観する。

(i)筆記試験

　グリーンランドでは、コンピュータ・ベースになっているデンマークとは異なり、紙と鉛筆で解答する。補助なしの筆記試験は多肢選択式で実施され、補助ありの筆記試験は記述式で行われる。

　筆記試験の対象科目となっているのは、グリーンランド語、デンマーク語、数学、英語の 4 つである。試験の正答率によって、A から F まで 7 段階 (A, B, C, D, E, Fx, F) の成績がつけられる。

　1 年度に行われた義務教育修了試験の筆記試験で、それぞれの科目の成績分布を簡略化したものが、**図 6-2** である。不可 (0 点にあたる Fx および -3 点にあたる F) の成績がついた生徒の割合は、グリーンランド語 13.2%、デンマーク語 40.1%、数学 42.7%、英語 36.1% となっている。デンマーク語と数学の

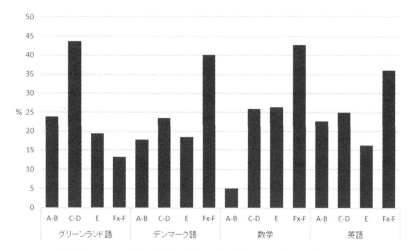

図6-2　2021年度義務教育修了試験（筆記試験）の成績分布

出典：Stat Bank Greenland, https://bank.stat.gl:443/sq/b649f236-f353-47b1-bb60-c40ffd00dd8e（2022/11/10 最終確認）をもとに筆者作成.

筆記試験に至っては、4割以上の生徒が不可という状態である。

　ただ、生徒は筆記試験の結果だけで評価されることはない。この点についても、デンマークと同様である。教員による授業記録や生徒本人の自己評価、次項以降で説明するプレゼンテーションや口頭試験と併せて、最終的な評価が行われる。

　最終的な評価においても、デンマークの成績評価システムを援用した7段階評価が利用されている。また、国際的に認知され使用されている欧州単位互換制度のECTSポイントに読みかえることができるようになっている。合否判定がある場合、A（12点）、B（10点）、C（7点）、D（4点）、E（2点）の評価を受けた場合には合格となる。Fx（0点）またはF（-3点）の評定を受けた場合、不合格となる。後期中等教育段階への進学希望などの理由がある、最終的な評価が0点以下だった生徒には、次の年以降に挽回のチャンスが与えられている。

(ii)プロジェクトについてのプレゼンテーション

　義務教育修了試験のひとつであるプロジェクトは、企画立案から遂行、分析および考察、まとめとプレゼンテーション準備、実施に至るまで、1グループあたり4名以内の生徒で協力して行われなければならない。法令（the Statutory Order）第54条(2)にあるように、プロジェクトの課題は学際的なトピックから選ぶことが求められる。教員がトピックやサブトピックについて示し、生徒がプロジェクトのテーマを決定するという手順をとる。この内容は、デンマークにおける英語の口頭試験で触れた、プレゼンテーションと類似している。

　プレゼンテーションの際に用いる言語は、グループで決めることができる。母語のグリーンランド語、第二言語のデンマーク語、英語またはドイツ語などの第三言語から使用言語を選択し、プロジェクトのレポートも選択した言語で書くことが必要である。ただし、要約文については、発表言語とは別の言語で書かなくてはならない。つまり、少なくとも二言語の活用能力が測られることになる。

　グループ、テーマ、使用言語が決まったら、生徒は2週間以上かけてプロジェクト推進とレポート作成に取り組む。その間、授業は通常通り行われるため、生徒は休み時間や放課後などを利用してグループで話し合いを重ねていく。時間管理やチームワークが問われることは想像に難くない。レポートをまとめるために、最後の5日間は連続して（例えば木・金・月・火・水など、週末をはさんでも良いことになっている）通常時間割の縛りがない状態で確保される。この5日間は教員も授業をもたないため、各グループをまわって指導および助言をしていく。

　プロジェクトのまとめの直後は、プレゼンテーションの準備のために、連続した2日間が確保される。生徒はグループとしてプロジェクトの内容を発表するか（40～60分）、一人ひとりがグループで取り組んだことを発表するか（20～40分）選択して準備に入る。プレゼンテーションの形態は自由で、パワーポイントなどを使ったレクチャーや劇、映画、ポスター、模型などを

用いることができる。

　評価は、提出されたレポートの採点を含めてプレゼンテーションの日から 3 週間以内に行われる。遅くとも 3 月上旬にはプレゼンテーションが実施され、3 月中に評価するのが一般的な流れである。

⑽口頭試験

　義務教育修了試験における口頭試験は、すべての子どもが 3 種類受けることが決められている。その 3 種類というのは、①グリーンランド語、英語、デンマーク語のいずれか、②数学、生物・地理、化学・物理のいずれか、③哲学または社会科からの 1 科目ずつである。科目はクラスごとに割り当てられる。グリーンランド語／英語／デンマーク語と、哲学または社会科は生徒一人ひとりか、最大 3 名までのグループで口頭試験を受けるか選ぶことができる。グループ評価を選択した場合は、生徒は試験前に一緒に受ける生徒を決められる。

　評価は、その生徒を教えている担当教員と、グリーンランド全土から教育省と国立教育委員会に選ばれて派遣されてくる外部試験官の 2 名が試験官になって行う。生徒はテスト会場の教室に入ると、くじを引く要領で課題を受け取る。課題は何種類も用意されているものの、使いまわしをしているため、公開されていない。

　言語系科目と社会科学系科目では、課題に沿ってその場で意見を準備し（個人で受ける場合は 20 ～ 40 分、グループの場合は 40 ～ 60 分準備時間に充てられる）、プレゼンテーションを行う（個人でもグループでも、20 ～ 40 分の発表時間）。準備している間は、持参したノートや辞書を参考にして良いことになっている。

　数学または生物・地理の口頭試験では、生徒一人ひとりが受ける 1 時間のテストか（20 ～ 40 分間はクジで引いた課題を読んで考えをまとめ、20 分で発表）、生徒 3 名以内のグループによる 2 時間のテストか（教員と外部試験官がグループで取り組んでいる生徒一人ひとりに質問していく形式）、クラスで話し合って決めることができる。

　化学・物理の口頭試験は、生徒一人ひとりが受けるか、3名までのグループで受けるかという選択肢は生徒にゆだねられているものの、形式は2時間の質疑応答中心と決まっている。生徒は教員および外部試験官とのやり取りの中で自らの思考プロセスを示し、それによって導き出した結論まで説明することが必要である。こうした対話の中で新たに理解したことやできるようになったことについても、その生徒の学力として評価される。

　自然科学系科目はいずれも、普段の授業で使っているものであれば持ち込みが可能となっている。パソコンまたはタブレット端末については、自然科学系科目では必ず使用できるように準備されている。また、使用言語はグリーンランド語かデンマーク語かを選ぶことができる。

　口頭試験が終わった直後に、教員と外部試験官が話し合って生徒一人ひとりに評価をつけ、評価が決まった後はすぐに生徒を個別に教室に呼び戻し、成績と評価コメントを伝えることもデンマークと同様である。このとき、外部試験官は必ず同席しなければならないことになっている。

　以上のように、グリーンランドの義務教育修了試験で課されるテストについて、口頭試験では、語学系、理数系、社会科学系とまんべんなく設定されている。筆記試験は語学系科目に偏っているように見えるが、プロジェクトのプレゼンテーションでは学際的なテーマおよびアプローチで取り組むことが推奨されており、義務教育修了試験全体としてバランスがとれた形で実施

表 6-2　2021 年義務教育修了試験の平均点数

試験科目	筆記試験	口頭試験
グリーンランド語	5.2	5.9
デンマーク語	3.0	5.0
英語	3.6	6.2
数学	1.9	4.8

注：評価によって与えられる点数は -3、0、2、4、7、10、12 点である。

出典：Stat Bank Greenland, https://bank.stat.gl:443/sq/1081d4f3-ec4e-4072-865e-a7ec8e6909fd（2022/11/10 最終確認）をもとに筆者作成.

されていると言える。また、生徒が義務教育を通じて身につけた能力を多角的に判断することが可能になっている。こうした評価のあり方と、生徒が何をできるかというパフォーマンスに焦点が当てられていることは、旧宗主国であるデンマークと変わらないと言える。

　2021年に実施された義務教育修了試験を受けた生徒の評価について、グリーンランド語、デンマーク語、英語、数学の4科目を取り上げて、筆記試験と口頭試験それぞれの平均点数を算出したものが、**表6-2**である。いずれの科目においても、口頭試験の平均点数が筆記試験の結果よりも高い傾向にあることが読み取れる。口頭試験では、試験中に対話を通して試験官に対して質問の明確化を求めることができ、グループ試験の場合には仲間の力を借りて課題に取り組むことができる。知識やスキルを超えた動的な能力を含めて学力として見ていることが、比較的高い点数につながっていると考えられる。

　デンマーク語、英語および数学では、筆記試験の点数の低さが目立つが、それぞれの科目における最終評価で2点以上の点数があれば、義務教育を修了して後期中等教育機関へ進学することは可能になっている。その観点から表6-2にある点数を見直すと、子どもが後期中等教育機関で継続して学習を続けることを選択できるという義務教育修了試験の側面を見出すことができる。

(2) 3年生および7年生修了時の学力テスト

　第1段階と第2段階それぞれが終わる際、つまり、3年生および7年生の学年末にも、すべての子どもは学力テスト（trintest; steptests）を受けて、身につけるべき内容を習得しているかどうかが確認される。3年生ではグリーンランド語、デンマーク語と算数のテストが行われ、7年生ではこれらに英語が加わる。口頭試験以外は、義務教育修了試験と同様、紙と鉛筆のテストである。

　算数・数学を例に学力テストの概要を見てみると、算数・数学は両学年で必修科目となっている。筆記試験は補助なしの試験（1時間）と補助ありの試

Kisitsisit aamma algebra # Numbers and algebra	
1. Kisiguk ∘ *Calculate* 計 算 し な さ い 。 357 + 62 = 409 419 429 439	**2.** Kisiguk ∘ *Calculate* 計 算 し な さ い 。 81 : 3 = 27 28 37 38

図 6-3　領域「数と代数の計算」の例

出典：Naalakkersuisut（Government of Greenland），" Prøver i Matematik, Demo-opgaver（算数・数学の試験、サンプル問題），" p.4.

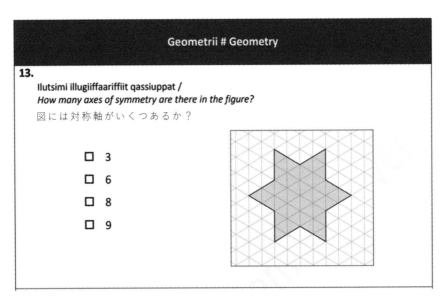

図 6-4　領域「幾何学」の例

出典：図 6 -3 と同様、p.7.

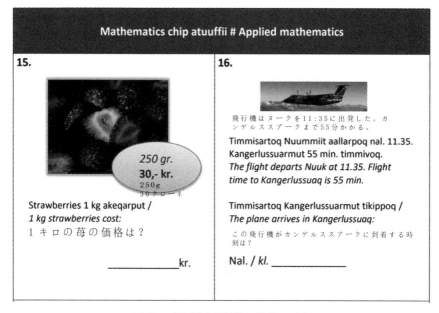

図6-5　領域「応用算数・数学」の例

出典：図6-3と同様、p.8.

験(4時間、電卓・タブレット端末・ノート・参考文献など持ち込み可)で構成されている。義務教育学校の段階・教科・科目の学習目標に関する自治政令第16号によって、試験に含まれる内容は次の4つの領域、すなわち1)数と代数の計算、2)幾何学、3)応用算数・数学、4)問題解決とコミュニケーション、と決められている。筆記試験では、上の1～3の領域から出題される。

　7年生の算数・補助なしのサンプル問題[20]を例に、それぞれの領域で具体的にどのような出題がされているか見てみよう。

　1～3、それぞれの領域の問題例からわかるように、設問内容は平易で、日本におけるテストとほとんど変わらない形式である(図6-3、図6-4、図6-5)。それでは、もう一方の補助ありの試験(7年生)はどのような内容になっているのだろうか。

　補助ありの試験では、図6-6のように、子どもが日常生活の中で触れるよ

気候変動

　私たちにとって、 天候は大きな関心事だ。休日になれば、 なおさらである。昨年の連休は異常気象だったと言われている。年配の方々は、 自分たちが子どもの頃の天候がいかに違っていたかをよく話してくれる。「夏は長く、暑くて乾燥していた。 冬は寒さが厳しく、家から出るには雪を掘り進めなければならなかった」。

【問い】 気候について相関関係を調べるために、いくつかのデータを選んで分析しなさい。 比較分析の根拠として、以下のデータの他に、気象データベースの情報を使用すること。

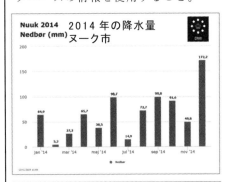
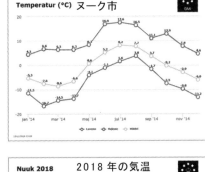
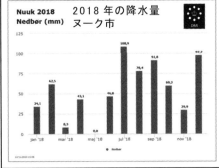
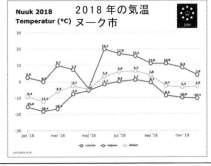

図 6-6　補助ありの試験問題の例

出典：Naalakkersuisut, "Prøvevejledning（試験のサンプル），" pp.14-15, https://iserasuaat.gl/-/media/iserasuaat/folkeskole/5-afsluttende-evaluering/5-proevevejledninger/prvevevejledning-matematik-dan-2020.pdf?la=da&hash=E0E70A04838E11B0971E9A810F6E3AEE（2022/11/15 最終確認）.

うな天候という数学的な事象を扱っている。認知的要求度の高いタスクを設定しているところは、デンマークにおける義務教育修了試験と同様である。

　試験時間 4 時間の中で、生徒一人ひとりがタブレット端末を利用して問いに関連するデータ（例えば風について）を収集し、数学的モデルを使用して分析を行い、得られた結果に対して数学の知識を用いた説明ができることが求められている。

　補助ありの試験の評価と採点は、教育省・国立教育委員会が任命した外部試験官およびクラスの担当教員が行う。複数の解答を持つ問題や、複数の方法で解くことができる問題などの解答を評価する際には、数学的モデルの使用を含めて、生徒が推論できているか、説明文は書けているか、中間計算は合っているかということに重点が置かれる。また、数式、図、グラフなどの使用も評価対象となる。

　補助ありの試験では、4 つめの領域である、説明およびコミュニケーションも測定されている。したがって、生徒が文法的に誤りのある文章を書いていたり、説明が十分でない解答を提出したりした生徒の点数は減点されることになる。どのように生徒が評価されるのかを示した評価の観点は、**表 6-3**のとおりである。

　各問題については、試験の前に教育省の専門家会議による検討を経ることになっている。その上で、各問題の採点ガイドと成績評価に使用する、表6-3 のような換算表が作成されることによって公正性が保証されている。そして、教員は自分が教えている子どものテストの結果を踏まえて、教育方法を再検討することが期待されているが、コンピュータ・ベースの試験とは異なり、解答用紙の回収から採点、結果のデータ公表まで時間がかかることが課題である。

　最終学年である 10 年生だけでなく、学力テストが行われる学年である、3 年生と 7 年生の修了時にも証書が発行されることは、グリーンランドの義務教育の特色のひとつである。各段階における修了についての判断も、義務教育修了時と同じく、テストの成績のみによるわけではない。総合的に判断さ

表6-3 補助ありの試験の評価表の例

A	優	生徒は、提示された実用的かつ数学的な問題に対処するための適切な方法を選択し、自信を持って適用することができる。 　生徒は、教科の概念と方法について自信を持って知識を示し、それらを応用して、全くあるいはほとんど間違いのない解決策を生み出すことができる。 　問題解決や応用において、数学的モデル、代数的表現、グラフ、図などを適切に使用することができる。適切な方法で補助教材を使用することができる。 　生徒の思考は明確で簡潔であり、自信を持って推論し、よく構成された答えを出すことができる。自信を持って日常用語と数学用語を使い分けることができる。
B ※ガイドにおいて省略されている。		
C	良	提示された実用的、数学的問題に対処するための方法の知識と応用を実証している。 　この分野の多くの概念と方法について十分な知識を持ち、提示された問題のいくつかを解決するためにそれらを適用することができる。 　数学的モデル、代数的表現、グラフ、図をある程度適用することができる。
D ※ガイドにおいて省略されている。		
E	可	簡単な実用的問題や数学的問題の対処について、ある程度の知識があることを示すことができる。 　簡単な公式を適用し、簡単な計算をすることができる。 　学術的な説明がほとんどなく、やや支離滅裂な答えを出している。日常用語と数学用語が混ざっており、不確かなところがある。
Fx ※ガイドにおいて省略されている。		
F ※ガイドにおいて省略されている。		

出典：図6-6と同様、p.25.

れて証書が授与されている。

　10年生の義務教育修了時まで学校に通えなかったとしても、人生のどこかのタイミングでまた教育を受けようとその人が考えたときに、3年生修了または7年生修了の証書があれば、教育のリスタート地点を決めやすくなるという利点がある。

　デンマーク本国では、全国学力テストが年度の初めに移動されようとしている。しかし、グリーンランドではこの学力テストが子どもの学力の把握という以外に、3段階に分けられた義務教育修了証の根拠のひとつとしての機能も有しているため、今後も変更されることはないと言える。

(3) 総合的な評価――アングサッカ

アングサッカ（Angusakka）とは、「達成したこと」という意味で、義務教育学校生活の全期間を通じて、子どもが教育から得た成果と総合的な幸福度を評価するために使用されるツールである。子どもの学校での成長を継続的かつ総合的に評価するための基盤として用いられている。

アングサッカは体験に基づいた記録やアクションプラン、子どもの自己評価シート、保護者用シートなどが入ったファイルになっており、子ども、保護者、教員が記入していく。子ども一人ひとりが学んだことや改善点を継続的に記入する冊子（ログブック）と併用されている。

教員には、子どもが各科目の学習目標を達成しているかどうかを、子ども一人ひとりとともに評価する義務がある[21]。子どもの学習成果は、授業中だけでなく、授業や学期が終了したときにも、様々な方法で継続的に評価される。

授業においてあるトピック、例えば「雨はどのように降るか」や「分数はどのように計算するか」などに子どもが取り組んだとき、教員は子どもと一緒にそのトピックの学びを評価し、新たな目標を設定することができる。このように、継続的な評価は、個々のモジュールや日々の授業と関連させて行われる。授業で何が行われ、何を学んだかを子どもが書き込むログブックには、「もっとこういうことを学びたい」という内容も書くことができる。子どもが子ども自身の学びを主体的に考え、経験をとらえ直して評価を行うという一連の活動―省察を行うことが目指されていると言える。そして、教員はアングサッカとログブックを通じて子どもの形成的評価と授業改善ができる仕組みになっている。

アクションプランは、教員と子どもが協働し、全科目において作成することが目指されている。教員はそのアクションプランに沿って、子どもの体験に基づく記録を作成しなければならない。このプランには、子どもが何を学ぶべきかという目標が含まれており、継続的な評価の一部となっている。例えば、グリーンランド語では、質問することやメールを書くこと、英語では動物に関する単語や文化・習慣、算数では形、図画工作では絵を描くことや

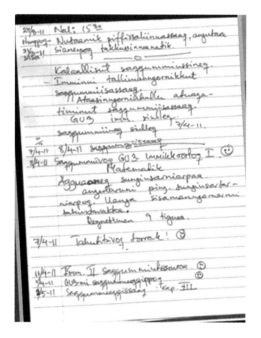

図6-7　体験に基づく記録

出典：Juliane Enoksen, "Brugen af Angusakka," https://slideplayer.dk/slide/2284969/（2022/11/18 最終確認）.

コラージュの技法、他の子どもとの協働では支援が必要なときや悲しいとき
に友達に伝えること、家庭では皿洗いや掃除、自由時間ではサッカー、とい
う内容がアクションプランに含まれる。子どもは自らの経験についての省察
を通してアクションプランを作成し、さらなる成長につなげようと実践して
いるのである。

　教員の手による、体験に基づく記録（**図6-7**）には、授業による学習効果、
授業終了時の様子、その子どもに関する補足説明、最近の成績などが書かれ
ている。

　子どもの記録の中で、良かったことには☺マークを書き込んで、一目でわ
かるようにしてあることがわかる。

　グリーンランドにおける評価の取り組みでわかることは、子どもは常に目

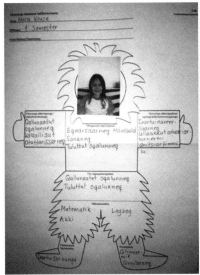

図6-8　アングサッカとログブックの例

出典：©Erik Torm, t & h projects, "Photo from Greenland-Kalaallit Nunaat," https://www.fleksibelskole.dk/foto/
foto.htm（2022/11/16 最終確認）. Una najoq qutassiaq saqqum mersitanut sisa maas unut ilaav oq, "Portfolio ato
rlugu nalilersu ineq," https://docplayer.net/60549634-Portfolio-atorlugu-nalilersuineq.html（2022/11/16 最 終 確
認）.

標の決定に関与しており、どのような力をつけることを期待されていて、ど
のような観点で評価されているかを知っているということである。言い換え
れば、子どもの学びのあり方が多様であることが認められており、その多様
な学びを評価できるということである。このような学力観と評価観が子ども
にも浸透していることは、デンマーク本国と同じであると言える。

　アクションプランと体験に基づく記録は、11 月〜12 月と 5 月〜6 月に作
成される。グリーンランドは 8 月に新年度が開始するため、新しい学年になっ
て 3 ヶ月ほど経った休暇前と、学年末において作成していることになる。日
本において通知表が渡されるのと同様のタイミングで、ポートフォリオ評価
が行われているのである（**図6-8**）。

　本章で見てきたデンマークの自治領・グリーンランドの教育は、旧宗主国

デンマークの教育がそのまま根付き、適応してきたものだと言える。ただし、義務教育学校ではグリーンランド語が教授用語である。このことは、グリーンランド人としてのアイデンティティを培うための重要な役割を果たしている。アイデンティティの意識は、キー・コンピテンシーの中の「自律的に行動する能力」に含まれており、判断する能力、自己決断力、責任ある役割を果たす力といった能力の基礎となるものである。

　グリーンランドはもともと学歴が重視されない文化・社会であるため、ローステイクスなデンマークの教育への拒絶反応は見られず、受容されている。評価についても、教員による授業記録や生徒が行う自己評価を含めたポートフォリオ評価が導入されており、日常的に形成的評価が行われている。特に、日常的に行われている評価のうち、子どもが自らの学びを省察するログブックは、子ども自身のメタ認知能力を育む側面も持っている。筆記試験も各段階の修了時に実施されているが、最終的には子どもが教育を通じて身につけた能力を様々な評価方法によって判断し、子どもの学びが評価されている。

　グリーンランドの事例を考察することによって浮かび上がるのは、子どもを包括的にとらえるというホリスティックな評価観と、評価の場も学びの場であるという評価観（学習としての評価）、対話と協働、そして省察の重要性である。これらが、多様性を認め育む教育を可能にしていると言える。

　義務教育を3段階に分け、段階の最後に行う学力テストと総合的な評価によって各段階の修了証を発行していることは、義務教育の修了率が高くない状況と、将来的に学びたくなれば学べば良いというグリーンランド社会における教育のとらえ方とをうまくつないでいる。デンマークにおいて醸成された生涯学習社会の考え方が、学びたくなった時に誰もが学び直せる義務教育のあり方を可能にしているのではないだろうか。

注

1　10世紀頃に入植があったが、入植者の全滅による長い空白期間がある。グリーンランドにおいても、デンマークにおいても、博物館では植民地支配は1721年

からである旨が記述されている。

2　デンマークによるグリーンランドの植民地支配は 1953 年に終わりを迎え、以降はデンマークの一地域となった。当時の EC (European Community) に加盟できたのも、このためである。しかし、グリーンランドの天然資源をコントロールする規定に対する反発によって、デンマークに対して自治権を要求した。こうして、1979 年に自治政府が発足し、2009 年には自治権の拡大 (公用語をグリーンランド語にしたことを含む) とともにデンマークの自治領となった。

3　グリーンランドで自殺やアルコール依存症が社会問題化しているのは、植民地時代の社会的混乱が遠因であると考えられている。

4　国土の 80% 以上が氷に閉ざされている。氷の高さ (深さ) は 3,000m 以上のところもある。

5　犬ぞりは、シシミウトのごく一部で使われている。そり犬を多頭飼育するのに十分な敷地 (家から近く、犬の鳴き声が近所迷惑にならない場所) を用意することが難しくなっていることが犬ぞり数の減少の一因である。

6　The Polar Connection, "Mental Health and Suicide in Canada and Greenland," http://polarconnection.org/mental-health-suicide-canada-greenland/ (2022/09/26 最終確認).

7　The World Bank, "Government expenditure on education, total (% of GDP) Greenland," https://data.worldbank.org/indicator/SE.XPD.TOTL.GD.ZS?locations=GL (2022/09/26 最終確認).

8　日本教育新聞「教育機関への支出　日本、OECD 平均下回る」2021 年 9 月 27 日付.

9　子どもが 6 才になった後に迎えた 8 月 1 日の時点で教育を受けていることが義務教育の要件となっている。グリーンランドの新年度は 8 月 1 日である。

10　高等教育についても、無償である。また、医療費もかからない。

11　Naalakkersuisut (Government of Greenland), www.naalakkersuisut.gl (2022/10/22 最終確認).

12　グリーンランドは EU に加盟していないが、デンマークが加盟国であるため、自治領として協定が結べている。

13　グリーンランドでは、高等教育段階に進む若者はまだ少ない。18 歳から 25 歳の若年層 10 人中 6 人は高校や職業教育を修了していない (在学中の場合も含む)。StatBank Greenland, https://bank.stat.gl/pxweb/en/Greenland/ (2022/11/8 最終確認).

14　労働人口の約 60% は、後期中等教育修了未満の学歴 (義務教育未修了、中卒、高校中退など) である。

15　グリーンランド大学 (Ilisimatusarfik) では、11 の学士課程と修士課程 4 コース

を提供している。博士課程がないため、研究者や大学教員を志す学生は外国の大学院で学ぶことになる。

16　大学進学者の約30%が国外の大学に進学する。Statistics Greenland, https://stat.gl/dialog/topmain.asp?lang=en&subject=Education&sc=UD（2022/09/26 最終確認）.

17　Naalakkersuisut（Government of Greenland）, "Curricula," https://iserasuaat.gl/emner/folkeskole/fag-og-undervisning/laereplaner?sc_lang=da（2022/11/8 最終確認）.

18　Naalakkersuisut（Government of Greenland）, "Lærepl an for Grønlandsk, Yngstetr innet（Curriculum for Greenlandic）, September 2022," pp.4-5, https://iserasuaat.gl/emner/folkeskole/fag-og-undervisning/laereplaner?sc_lang=da（2022/11/10 最終確認）.

19　Naalakkersuisut（Gover nment of Greenland）, Ibid., p.8.

20　Naalakkersuisut（Government of Greenland）, "Prøver i Matemat i k, Demo-opgaver," https://iserasuaat.gl/-/media/iserasuaat/folkeskole/5-afsluttende-evaluering/4-fag-og-proever/proeveeksempler/faerdigsproever/matematik_-demoopgaver.pdf?la=da&hash=BB 577193AA8D9F5D1D13E9FB486CA01E（2022/11/15 最終確認）.

21　Inatsisart Act No.15 of 3 December 2012 on the primary school（Itl 15 2012）, The home government's executive order No.2 of 9 January 2009 on evaluation and documentation in primary schools（bkg 02 2009）, The home government's executive order No.3 of 9 January 2009 on the final evaluation in the primary schools（bkg 03 2009）の 3 つの法令に基づく。

終　章

1. デンマークにおける評価のパースペクティブ

　図7-1は、本書を通して明らかになったデンマークにおける評価のパースペクティブを示したものである。コンピュータ・ベースの全国学力テストや、義務教育修了試験の筆記試験では、客観テスト式の問題を通して目標に準拠した評価が行われている。そして、普段の授業や義務教育修了試験の口頭試験では、その場で起こる他の生徒との協働や教員との対話なども重視しながら、生徒一人ひとりのパフォーマンスを測っている。その範囲を図7-1ではグレーの網掛けにして示している。口頭試験では、パフォーマンス評価の範囲はすべて網羅されており、しかも複数の評価方法を同時並行で実施している。その状況で発揮される動的な能力である子どものパフォーマンスを多面的にとらえ、従来的な学力の枠を超えて協働によって得られた知も学力と見なすことが可能になっている。

　口頭試験をグループで実施するときの利点は発達の最近接領域 (ZPD) だけにとどまらない。協働のプロセスの中で、子どもは社会の中の個、という自らの存在を意識し、自律の意味を実感することができる。また、同じグループのメンバーとの意見の対立によって、自らの意見を精査することや、グループとしてより良い意見を生成するという経験をすることができる[1]。課題に取り組む中で、他のメンバーから質問をされて、わかったつもりであったことに気付かされる、ということもあり得る。評価活動それ自体が学びの機会という側面を持っているのである。

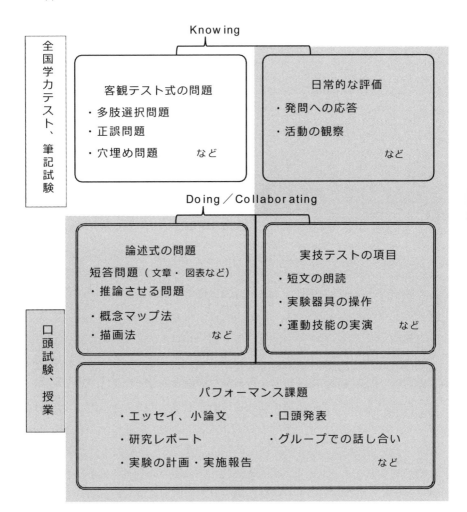

図7-1 デンマークにおける評価のパースペクティブ

出典：西岡加名恵・田中耕治編著『「活用する力」を育てる授業と評価中学校—パフォーマンス評価とルーブリックの提案』学事出版、2009年、p.9を参考に筆者作成.

2.　多様性を認め育む教育はいかにして可能か

　学力を含めて子どもが多様であることを認め、多様性を育む教育はいかにして可能か、という研究課題のもと、本書では、子どものどのような能力を学力と見なしどのようにして評価するかということについて、デンマークの実践から探ってきた。

　第1章では、DeSeCoで議論されてきた能力観を中心に、本書で扱う学力観および評価観の背景にあるZPDや拡張的学習などについても概観した。学力や試験、評価といった関連する先行研究の問題意識として、正解がひとつだけとは限らない数々の課題に直面している現代において、多肢選択式のテストで能力を測るだけでは不十分であることが共通して示されていた。しかし、対話や協働を通じた学び、あるいは学びの過程についての国レベルでの評価を、実例をあげて検討している研究はいまだに手薄である。子どもにどのような力を身につけてほしいのか。その力をどのように評価するのか。特に、キー・コンピテンシーに見られる、人間関係構築能力、プロジェクトの進捗管理および調整能力、課題を解決するために必要な情報を特定し収集する能力といったものについては、身につけるべき能力として提案されているものの、従来とは異なる観点からの評価のアプローチが必要になる。この評価の充実に関して検討するために、デンマークの取り組みを事例に研究を行う背景を明らかにした。

　次に第2章では、デンマークの教育観として、子どもが知識とスキルを身につけること、子ども一人ひとりの様々な才能を引き出すこと、子どもが学びに夢中になったり熱中したりする仕組みを作ること、自由と民主主義の社会における参加、共同責任、権利、義務について子どもを準備させること、そして、子どもの自信とウェルビーイングを強化すること、という項目を抽出した。

　評価観の側面では、子どものさらなる学びと教員の省察のために、継続的に子どもの学びが評価されていることがわかった。全国学力テストのような

形式のテストは子どもの限定された側面しか評価できない、という学力観が国全体で共有されていることも興味深い発見である。デンマークにおける教育のとらえ方は、教育の選択肢や新しい能力およびスキルへのアクセスは生涯を通じて手元にあるべきであるという理念や生涯学習の考え方に基づいていること、そしてこのことは学力観および評価観と深いつながりがあることを指摘した。デンマークでは、子どもの学力を枠にはめて測るのではなく、子どものパフォーマンスが絶対評価で総合的に判断されることによって、多様な学びのあり方と学力のあり方が保証されていると言える。

　多様であることを認め、それを育むような授業と評価が行われていることを詳しく見るために、第3章では英語の試験に焦点を当てて、学力観と評価観を検討した。義務教育修了試験のうち口頭試験においては、その生徒がどのようなことに関心を抱いて、そのトピックに対してどのように考えているか表現することや、教員とのディスカッションによって学びを深化させることができていた。また、同じ試験の後半部分では、その年度の授業で学んだことから出題され、教員と生徒が対話をしながら進行・深化させていく形式がとられていることが明らかになった。授業を担当している教員が試験の問題作成と生徒の評価に直接関わることで、生徒の関心・意欲・態度などを含めた全体的な評価（横断的個人内評価）と、年度初めと比較した縦断的な個人内評価が可能になっていた。評価は、その子どもの学びのために存在するのであって、評価の枠組みに一面的な学力観でもって子どもをあてはめていく作業ではないのである。

　続く第4章では、数学の義務教育修了試験における口頭試験に着目して、学力観および評価観と、試験の質の問題に付随する妥当性、客観性や公正性について検討した。口頭試験の問題と評価の観点についての考察から、数学においての生徒の学力の評価についても英語などの語学系のテストと同様に、他者との対話・議論・コミュニケーションが含まれていることを明らかにすることができた。とりわけ、グループ試験の場合には、同じグループの仲間との協働を通じて評価の場においても学習が展開していることを示した。そ

して、このような動的な学力についても評価されているということがわかった。多様な学びのあり方を評価に含めているのである。

　第5章では、口頭試験の評価ができる教員の養成および外部試験官の研修がどのように行われているか調査を行い、評価者になるための力量形成について考察を行った。義務教育学校と同様に、教員養成課程においてもコンピテンス目標が設定され、論述型を含む筆記試験および口頭試験を通じて学生が多角的に評価されていることを明らかにした。多様な評価を行うことが、学生の学びのあり方が多様であることを可能にしており、学生の学びのあり方が多様であることが、評価の方法を多様たらしめているのである。本章ではこうした内容に加えて、教員に求められているコンピテンシーを明らかにした。

　第3章から第5章まで、デンマークにおける実践の考察を通してわかったのは、(1) 学習者一人ひとりの自律を促していること、つまり、一人ひとりに目標を明確にさせ、協働によって学びに対する関心や意欲を形成させ、省察させていること、(2) 学びの成果を日常的に継続して評価し、口頭試験における対話や協働によって ZPD を含めた動的な学力を含めて総合的に評価していること、(2') そしてその評価の場が学びの場としても機能していることで、学習者一人ひとりの将来的な学びの展望と生涯学習へと広がっていること、(3) 他校の教員の協力を得ることなどで公正性を確保し、学習者本人が納得する形で評価を行い、(3') 民主社会の形成に貢献していること、である。

　第6章においては、デンマークの自治領であるグリーンランドを事例として、他の状況や文脈におけるデンマークの教育を考察することで、デンマークの教育の核となる概念の抽出を試みた。グリーンランドでは普段の授業において、子どもは対話を通じて自らの学びの成果と課題を省察していた。そして、他の子どもたちと協働していることや、議論すべき課題を自ら設定した上で展開していくレポートについても最終的な評価に含まれていることがわかった。グリーンランドでは、デンマーク本国で編成されたカリキュラムに則って、デンマーク的な学力観と評価観が展開していると言える。そして、

教員も子ども自身も子ども一人ひとりの得手不得手を認識しながら、それぞれの多様なさまを受容しそれを評価しているのである。以上から、デンマークの教育の核となっている 5 つの概念——(1)子どもを包括的にとらえる評価観、(2)評価の場も学びの場であるという評価観(学習としての評価)、(3)対話、(4)協働、そして(5)省察、が導き出された。これらが、デンマークにおける多様性を認め育む教育を可能にしているのである。

　感染症の世界的な流行や、大国による戦争の勃発など、世界は不透明で不確かなことであふれている。このような現代に生きる子どもたちが必要な学力とその評価について、デンマークの事例は新たな可能性を拓くものである。

　多様であることは、強みとなる。その社会を構成する一人ひとりが支え合って互いの知をいかし、より良い社会——ひいてはより良い世界を創っていくことができる。教育はこのような希望と可能性に照らされるべきである。

　※本研究は JSPS 科研費 19 K1 4069 の助成を受けたものです。

注

1　バフチンが言う多声性(複数の声による対話的関係によって、高度な統一を実現していくこと)とも重なる。多声性については M. バフチン『ドストエフスキーの詩学』望月哲男・鈴木淳一訳、ちくま学芸文庫、1995 年を参照されたい。

補論　デンマークにおける学習評価の特徴

　評価とは、物事の良さ（本質的価値）、値打ち（客観的価値）、意義（社会的価値）を体系的に決定することである（Scriven, 1991: 139）。先行研究では、評価が2つの異なる目的を内包していることが指摘されている。すなわち、1）改善のため（形成的評価）、そして、2）成果確認と報告のため（総括的評価）、である（Scriven, 1991; Vedung, 2020: 1080）。しかし、OECD が「評価とは、進行中または完了したプロジェクト、プログラム、政策、その設計、実施、結果について体系的かつ客観的に査定すること」（OECD, 2023: 31）と定義しているように、学習の「教育学的評価」（以下、学習評価とする）の主な目的は成果確認と報告のためだと広く信じられているのではないだろうか。

　日本においても、学習評価のうち生徒にとって重要な成績が総括的評価に基づいて付けられており、しかも評価が学期末や学年末に実施されることで、生徒の具体的な学習改善や教員の指導改善に結び付きにくいという課題がある（国立教育政策研究所、2021: 2）。そこで、2020 年以降に順次実施されている学習指導要領において、カリキュラム・マネジメントおよび指導と評価の一体化、主体的・対話的で深い学びの視点からの授業改善などが示されているところである。

　指導と学習評価は学校教育の諸活動の根幹であり、教育の質の向上を図るカリキュラム・マネジメントの中核的な役割を担っている。特に指導と評価の一体化の観点からは、学習指導要領で重視されている主体的・対話的で深い学びの視点からの授業改善を通して生徒の学習改善につなげるうえで、学習評価のあり方を再考することが欠かせない。

　総括的評価の中にも形成的側面を持たせた学習評価は、デンマークの教育制度（特に初等・中等教育段階）を特徴づけている。デンマークにおいて、学習評価という用語の用法は、日本やアメリカにおける使われ方と大きな違いはない。しかし、日本やアメリカの学習評価がアカウンタビリティ（説明責任）と測定に焦点を当てているのに対して（Schulman, 2007）、デンマークの学習評価は教育学的・人間学的伝統に根ざしており、学校教育が制度化される前から、測定やテストに対する懐疑的な考え方がある（Chatterji, 2013）。総括的評価においても、改善行動への志向性を見出すことができるのはこの伝統によるものである。

　このように、学習評価とは何かという我々の認識にはかなりのばらつきがあり、日常的な学習評価という広義の解釈から、測定と評価を同一視するような狭義の解釈まで様々である。学習評価という概念に対する非常に広い理解の例として、ヨルゲンセンは学習評価を次のように定義している。「（中略）すべての教師がプログラムの前、中、後において行う、個々の生徒の次期学習目標を決定するための体系的な取り組みが評価である」（Jørgensen *et al.*, 2004: 8）。

　学習評価に対する非常に狭い理解の例としては、リーパーとスコフが教育の文脈における評価について、測定との一致性を指摘している。「評価とは、その結果が他の測定、規範、基準と関連している測定である。したがって、歴史課題に対する生徒の成果は、それ自体では評価ではないが、例えば歴史教育の目的、同じ課題に対する他の生徒の成果、またはその科目における生徒の過去の成果に関連する場合、評価になる」（Rieper and Skov, 2009）。

　以上のようにデンマークにおいても学習評価には多くの定義があるが、アンダーセンらが、ヴェドゥンによるプログラム評価の理論的アプローチとタイラーによる評価の定義を調和させ、学習評価の概念が学習の評価、指導の評価、結果の評価を包含できるように試みている。彼らによれば、学習評価とは「インプット、プロセス（活動を含む）、アウトカムについて、応用（次に活かすこと）を重視し、データ（具体的で関連性の高い情報）に基づいて体系的に

行うものである」(Andersen *et al.*, 2021: 22、カッコ内は筆者による注釈)。学習評価の重点を、生徒がどれだけ学んだかを測定することではなく次に活かすことに置くことで、学習評価と学びの間の隔たりを小さくしようとしていることが見て取れる。

　そして、学習評価において重要なのは、その評価の根拠であろう。学習評価は一定の価値観に基づいて行われるが、確固たる評価基準をいつも明示できるとは限らない。例えば、生徒の関心・意欲・態度などについては、教員が経験知や洞察力、価値観に基づいて評価を行っている。したがって、デンマークにおける学習評価には、テストによる評価や口頭試験による評価など、幅広い活動と多種多様な根拠が含まれる。これによって、多面的に生徒の学力を評価しようとしているのである。

(1) テストによる評価

　テストが学校でよく用いられるのは、全員が同じ問題に取り組むという公平さと、管理が簡単であること、比較的安価で済むことに起因する。テストでは、ウェルビーイングのための評価よりも、学んだことを覚えているかどうかを測定することが優先されていると言える。ウェルビーイングのための評価とは、生徒の学びに向かうモチベーションを高め、学びのプロセスを豊かにし、学ぶことへの興味を持続させることに寄与する評価のことで、ラーニングレビュー[1]やポートフォリオ評価などがこれに含まれる。

　筆記試験、いわゆるテストは、古典的テスト理論の原則に従って実施される。つまり、2つの異なるグループのテスト結果を比較する必要がある場合、同じテスト問題を用いることになる。同様に、2種類のテストを比較するには、同じ生徒が両方のテストを受けなければならない。学力の経年変化を追跡するために、異なる学年のテスト結果を比較する際の課題は、テストの難易度が変わっていないことを確かめることである。2007 ～ 2008 年に試験的に導入された義務教育修了試験のデジタルテスト「読解（デンマーク語）」の結果に大きな変動があったため、デンマークでは 2010 年から等化が試みられ

るようになった。

　義務教育修了試験や全国学力テストの結果を比較可能にするために、デンマーク子ども教育省はコンサルティング会社のエピニオンに委託して、テストの点数を 7 段階評価の評点に換算する換算表を作成している。換算表には、試験本番の数週間前に予行演習として 9 年生およそ 1,000 人に前年度の過去問を解かせた 2017 年から 2019 年までの間のデータを用いている（Epinion, 2019）。生徒ごとに結果を比較（等化）することで、実施年度が異なる 2 つのテスト結果間の比較を可能にする換算表を算出することができている。

　コンピュータベースの全国学力テストは義務教育修了試験とともに 2007 年試験から義務化され、その後パイロットプログラムの開発が始まった。同テストが本格的に導入されたのは 2010 年で、デンマークでは初めて、科学的な尺度によって生徒が評価されるようになった。2021 年時点では、テストが義務教育段階の継続的な内部評価の必須項目（フォルケスコーレ法第 13 条[2]）となり、2 年生、4 年生、6 年生、8 年生ではデンマーク語の読解、3 年生、6 年生、8 年生では算数・数学、4 年生と 7 年生では英語、8 年生では物理・化学の 10 種類のテストが必須で実施される。任意の科目として、地理、生物（いずれも 8 年生）、第二言語としてのデンマーク語（4 年生と 7 年生）などがある。

　これほどまで大規模にテストを学校教育の中に導入したことがなかったデンマークでは、子ども教育省が中心となって 2018 年から全国学力テスト自体の評価を実施していた。研究者やステークホルダーで構成されたアドバイザリーグループが一連の評価項目を策定し、テストの意義と結果の使用方法から、テストの統計的特性に至るまで検討を重ね、2020 年にその結果が公表されている。

(2) テスト結果とその解釈

　全国学力テストは、形成的評価に使用するためのツールのひとつとして導入されており、生徒の学習評価は絶対評価が原則である[3]。そのため、許可

された者はテスト結果をウェブサイトで閲覧することができ、結果の解釈については説明会やガイダンス資料のウェブ掲載によって知ることができる。ただ、テスト自体の意義も、その解釈についても、多くのデンマークの教員には理解することが難しいものであった。とりわけ、テストの解釈はデンマークの伝統的な学校文化には存在しなかったものである。そのため、テスト導入当初から教員はテスト結果の使用方法について頭を悩ませることになった。

さらに、テスト結果の統計的な不確実性や信頼性に関連して、より詳細なフィードバックの提供が必要であるとアドバイザリーボードが提言を行った。これに加えて、2010 年および 2014 年の全国学力テストについて算出された課題難易度は、他の年と比較分析するには信頼性が低いうえに、当時使用されていたパーセンタイル尺度も好ましくないとの検討結果が公表された。

そこでデンマーク子ども教育省は、全国学力テスト結果の算出と結果の報告方法について抜本的な再編成を行った。2021 年 2 月末に開始された新バージョンの全国学力テストでは、結果が 3 つの異なる尺度（デンマーク語では、言語理解、読解、文章理解）ではなく、テストごとに 1 つの尺度（同、読解）として分析されるという変更が加えられている。これによって、統計的な不確実性、具体的には測定の標準誤差（Standard Error of Measurement, SEM）は低くなり、結果の信頼性が向上した。また、この新しい尺度のあり方に沿わない問題は出題されないことになっている。

テスト結果は、PISA などの国際学力調査と同じ原則に従い、0 〜 50 の間隔尺度で報告される。尺度が等距離になることで、尺度値の差が計算できるようになるのが特徴である。このような変更を通して、これまでに研究者や専門家が指摘してきた旧テスト制度の問題点を克服しようとしている。

テスト終了後、結果はウェブサイトで校長および教員とスクールカウンセラーが閲覧できる。結果は自治体レベル、学校レベル、クラスレベル、生徒レベル、コース・項目レベルの 5 つのレベルに分かれている。校長は、学校、クラス、生徒レベルの結果にアクセスでき、教員は生徒のテストに関するすべての情報にアクセスできる。教員が閲覧できる生徒の成績は、基準点数を

含む表形式になっている。また、0から50までの間隔尺度での生徒一人ひとりのスコアも表示される。自治体は、自治体および学校レベルの結果にアクセスできるなど、必要な情報以外は見られないシステムになっている。

生徒の保護者は、学校からのお知らせという形で、テキスト化された生徒のテスト結果を受け取る。このお知らせには、生徒がそのテストでどのような評価を受けたかメッセージが書かれており、点数や偏差値などは示されていない。学校や自治体間の不要な競争を引き起こし、教育学的ツールとしてのテストの有用性が制限されることを防ぐため、テスト課題もテスト結果も機密事項にされている (Wandall, 2011: 12)。部外者に公開した場合には、法律により裁かれるほどの厳しさである。こういったテスト結果の慎重な取り扱いは、キャンベル (1979: 85) が社会的な意思決定における重要な指標ほど操作されやすい、と危惧していたことと重なる。

キャンベルの法則として知られる上記の原理は、テスト結果を重視した教育が陥りがちな、テストでいい点数を取るための授業やカンニングの横行などといった負の側面を指摘する際によく引き合いに出される。彼は、「学習到達度試験は、『標準的な教育により一般的な能力の達成を目標とするという条件の下でなら』一般的な学習到達度の指標として有意義である可能性が高い。しかし試験結果そのものが教育の目標になると、教育レベルの指標としての意義を失い、好ましくない形で教育課程を劣化させる（もちろんこうした誤った取り扱いは、教育課程や入学試験における客観試験の採用をめぐって多く認められる）」と指摘している。

ビースタは、テストにおける成績の良さが教育の成功と同一視されていることに警鐘を鳴らしている (Biesta, 2010)。テストは生徒の学力のほんの一部を反映できるツールにすぎない。そして、テストの点数を良くすることが教育の目的になれば、テストの終了が学びの終了を意味することになり、将来にわたって続くはずの学びのプロセスが寸断されてしまいかねないのである。

重要なのは、総括的評価と形成的評価、そして定量的指標と定性的指標のバランスである。ミラーはこれに関連して次のように述べている。「形成的

なものを過度に強調すると、あまりにも『楽しい』ものになる。総括的なものを過度に強調すると、息苦しくなる。一方が他方を欠くと、緊張感が生まれない（Miller, 2005: 66）。」デンマークでは、これまでの伝統を覆してテストによる評価も導入することで、学校教育の改善を目指していると言える。

(3) 口頭試験による評価

　口頭試験による学習評価は、テストによる評価のような、科学的な尺度による判断とは異なる。口頭試験では、主に試験中の対話と教員による観察によってデータを得ている。一般的に、このような試験で全国共通の厳格なルールや評価基準を作成することは困難である。なぜなら、こういった基準の作成には生徒がどのような表現や反応をするか想定する必要があり、それは必ずしも予測可能ではないからである。EVA の報告書（2016）でも同様の記述があり、そこではある現職教員の言葉が引用されている。「学習目標は非常に

写真補 -1　教員と外部試験官（Astra-det nationale naturfagscenter）

大まかに書かれているので、それをもう少し運用可能なものに分解して、よりよく理解できるようにしています。しかし、特に口頭試験での学習評価に関しては、教員の判断の余地が多くあることは明らかです」(EVA, 2016: 44)。

　口頭試験において、試験官(試験を受けている生徒を教えている教員)と生徒の対話を観察・記録し、補助的に質問する外部試験官の存在は大きい。教員と外部試験官が、口頭試験で異なる評価をすることがあるのは、教員が生徒との対話の一員であり、普段の授業での生徒の「でき」を知っているからである。一方の外部試験官は、多くの場合他校から来ているため、生徒のパフォーマンスをより公平に、より客観的に評価できる立場にある。

　興味深いのは、デンマークでは教員が最初に評定を提案するのが慣例であり、外部試験官と意見が一致しない場合は、教員の評定が最も重視されることである。この伝統から、デンマークの学習評価は生徒の学力を相対的に位

写真補 -2　口頭試験でディスカッションする生徒と教員 (Astra-det nationale naturfagscenter)

置づけるような測定を主目的としたものでなく、プロセスの評価に特に重点を置いているということが導き出せる。

　数学教師協会会長のクリステンセンは、「筆記試験だけでは、生徒を評価できない部分がたくさん残る。口頭試験は、生徒が問いについて行った説明について、教員が試験官として質問することができる。これによって、より深いディスカッションや対話が可能になるので、生徒の習熟レベルがより明らかになり、生徒がクリエイティブに考えるようになる」とインタビューの中で述べている (Forkeskolen, 2022)。

　学習評価の実践を考えるうえで重要なのは、評価によって生徒の学習への意欲を高め、目標達成度の向上につなげることである。ハッティとイエーツ (2013) によると、生徒の学力に与える正の影響が大きいものとして、協働学習、効果的なフィードバック、生徒と教員の良好な人間関係が挙げられている。デンマークの義務教育学校における授業は、協働学習の場面が多く、教員と生徒間の対話がベースとなっている。フィードバックの機会は授業中だ

写真補 -3　口頭試験を終えて教員と握手する生徒 (Randers Realskole Privatskole)

けでなく、口頭試験においても試験終了後、すぐに個別にフィードバックが行われている。そして、フィードバックを終えた後は互いに感謝の言葉を口にしながらハグや握手をして試験会場を退室する文化がある。

　テストによる評価や口頭試験による評価のような様々な種類の学習評価を並行して行わずして、生徒の多様な学習スタイルや学力の表現方法に対応することは難しい。学習評価の視点が多様であることが、デンマークのような多様性を認め育む教育の実現には必要なのである。デンマークの学習評価のあり方は、学力の多様性をも包摂しながら、生徒が学びを深め、継続して学び続ける意欲を持たせるための良い先例である。

注

1　ラーニングレビューは、学習検討会の形で学期末あるいは学年末に開催されることが多い。生徒が学びのプロセスを発表することを通じて省察し、教員や保護者がフィードバックを行い、生徒が自らの学習評価に関与できる取り組みである。

2　LBK no.1396 of 28/09/2020.

3　BEK no 262 of 20/03/2007（評価尺度およびその他の評価に関する規則）3 章 13 節の規定による。

参考引用文献

日本語文献

石井英真『今求められる学力と学びとは―コンピテンシー・ベースのカリキュラムの光と影』日本標準、2015 年.

L. S. ヴィゴツキー『新訳版 思考と言語』柴田義松訳、新読書社、2001 年.

L. S. ヴィゴツキー『「発達の最近接領域」の理論―教授・学習過程における子どもの発達』土井捷三・神谷栄司訳、三学出版、2003 年.

Y. エンゲストローム『ノットワークする活動理論―チームから結び目へ』山住勝広・山住勝利・蓮見二郎訳、新曜社、2013 年.

河野諒「バカロレアの論述試験で求められる学力」『仏語仏文学』(45)、pp.107-142、2019 年.

P. グリフィン・B. マクゴー・E. ケア編著『21 世紀型スキル―学びと評価の新たなかたち』三宅なほみ監訳、益川弘如・望月俊男編訳、北大路書房、2014 年.

国立教育政策研究所編『資質・能力 [理論編]』東洋館出版社、2016 年.

国立教育政策研究所 . (2021)『「指導と評価の一体化」のための学習評価に関する参考資料（高等学校編）』巻頭資料（令和 3 年 8 月）、https://www.nier.go.jp/kaihatsu/pdf/hyouka/r03_hig_kantoushiryou.pdf（2024/01/10 最終確認）.

小塩真司編著『非認知能力―概念・測定と教育の可能性』北大路書房、2021 年.

澤野由紀子「北欧諸国の学力政策―平等 (equity) と質 (quality) の保障を目指して」大桃敏行・上杉考賀・井ノ口淳三・植田健男編『教育改革の国際比較』ミネルヴァ書房、2007 年.

白井俊『OECD Education2030 プロジェクトが描く教育の未来―エージェンシー、資質・能力とカリキュラム』ミネルヴァ書房、2020 年.

竹中伸夫「テスト問題分析に基づくイングランド歴史教育の学力構造―現代社会理解と資料活用を志向する問題編成構造の解明」『教育目標・評価学会紀要』20、pp.19-28、2010 年.

田邊俊治「デンマークの教員養成」『世界の教員養成 II 欧米オセアニア編』学文社、2005 年.

千葉忠夫『世界一幸福な国デンマークの暮らし方』PHP 研究所、2009 年.

寺田治史「デンマーク最近の教育事情―人間教育の伝統と未来」『太成学院大学紀要』13、pp.273-283、2011 年.

渡嘉敷恭子「初級総合日本語クラスの中間試験口頭テストの一例」『関西外国語大学留学生別科日本語教育論集』26、pp.77-93、2016 年.

奈良信雄・加藤拓馬・大西宏典・田極春美「ハンガリーの医学部における医学教育」『医学教育』48（3）、pp.135-142、2017 年.

奈良信雄・鈴木利哉「ドイツにおける医学教育と医師国家試験」『医学教育』45（3）、pp.193-200、2014 年.

西香織「口頭試験における初級中国語学習者のコミュニケーション・ストラテジー─『聞き返し』を中心に」『北九州市立大学国際論集』（14）、pp.117-133、2016 年.

根岸純子「口頭試験における試験形式および対話者の言語レベルと評価」『全国英語教育学会紀要』26、pp.333-348、2015 年.

野村武夫『「生活大国」デンマークの福祉政策─ウェルビーイングが育つ条件』ミネルヴァ書房、2010 年.

平田知美「『発達の最近接領域』の概念にもとづいた評価（ダイナミック・アセスメント）に関する研究」『教育学研究ジャーナル』4、pp.21-29、2008 年.

細尾萌子・夏目達也・大場淳編著『フランスのバカロレアにみる論述型大学入試に向けた思考力・表現力の育成』ミネルヴァ書房、2020 年.

松下佳代『〈新しい能力〉は教育を変えるか─学力・リテラシー・コンピテンシー』ミネルヴァ書房、2010 年.

松下佳代『対話型論証による学びのデザイン─学校で身に付けてほしいたった一つのこと』勁草書房、2021 年.

R. ライネルト「共通教育における受講生の動機付けに注目した外国語指導─メディア使用によるドイツ語口頭試験の発展およびその最前線」『大学教育実践ジャーナル』（9）、pp.25-35、2011 年 .

英語文献

Andersen, M., Wahlgren, B. and Wandall, J.（2021）*Evaluering: Af læring, undervisning og uddannelse.* København: Hans Reitzels Forlag.

Biesta, G.（2010）*Good Education in an Age of Measurement: Ethics, Politics, Democracy.* Boulder, CO: Paradigm Publishers.

Campbell, Donald T.（1979）"Assessing the impact of planned social change." *Evaluation and Program Planning,* 2（1）pp.67-90.

Chatterji, M.（2013）*Validity and Test Use: an international dialogue on educational assessment, accountability and equity.* Bingley: Emerald Group.

Daugbjerg, P. S., Krogh, L. B. and Ormstrup, C.（2018）"Læreres udfordringer ved ny fællesfaglighed i naturfagene i Danmark（Teachers' new challenges with new interdisciplinary Science in Denmark),” *Nordina* 14(2), pp.203-220.

Engeström, Y.（2016）*Studies in Expansive Learning: Learning What is Not Yet There*, New York: Cambridge University Press.

Epinion. “Ensuring fair examination of pupil’s skills in primary and lower secondary education.” https://epinionglobal.com/cases/ministry-of-education-skills/（2024/01/08 最終確認）.

EVA.（Danmarks Evalueringsinstitut）（2016）*Karaktergivning i gymnasiet: En undersøgelse af, hvordan lærere giver karakterer, og hvordan karakterer påvirker elevers tilgang til læring (Grading in upper secondary school: A study of how teachers give grades and how grades affect students’ approach to learning)*. København: EVA.

Folkeskolen.（2022）“Efter tre år med aflysninger: Gør prøven i mundtlig matematik obligatorisk.” 21. marts 2022, https://www.folkeskolen.dk/afgangsprover-matematik-matematiklaererforeningen/efter-tre-ar-med-aflysninger-gor-proven-i-mundtlig-matematik-obligatorisk/4623357（2024/01/09 最終確認）.

Gonczi, A.（2003）“Teaching and Learning of the key Competencies,” in D. S. Rychen, L. H. Salganik and M. E. McLaughlin（Eds.）, *Selected contributions to the 2nd DeSeCo Symposium*, Neuchâtel: Swiss Federal Statistical Office.

Hattie, J., & Yates, G.C.R.（2013）*Visible Learning and the Science of How We Learn*（1st ed.）. London: Routledge.

Jørgensen, A. M. L., Larsen, S. H. and Meyer, I.（2004）*Hverdagsevaluering*. Vejle: Kroghs Forlag.

Miller, T.（2005）“Hvordan synes du selv, det går? og/eller Så kan du lære det.” *Evalueringskultur: forandringskultur*. Nr. 2/3 juni 2005, København: Unge pædagoger.

OECD.（2023）Glossary of Key Terms in Evaluation and Results-based Management for Sustainable Development（Second Edition）, Paris: OECD Publishing.

Politiken. “Mystik: I år kan danske skoleelever pludselig læse og skrive igen（Mystery: This year, Danish schoolchildren can suddenly read and write again）.” 2011/03/04.

Rieper, O. and Skov, P.（2009）“Evaluering i Den Store Danske,” på lex.dk. https://denstoredanske.lex.dk/evaluering（2024/01/09 最終確認）.

Rychen, D. S.（2003）“Key Competencies: Meeting Important Challenges in Life,” in D. S. Rychen and L. H. Salganik（Eds.）, *Key Competencies: For a Successful life and a Well-Functioning Society*, Newburyport: Hogrefe & Huber Publishers.

Rychen, D. S. and Salganik, L. H.（2003）*Key Competencies: For a Successful Life and a Well-Functioning Society*, Newburyport: Hogrefe & Huber Publishers.

Scriven, M.（1991）*Evaluation thesaurus*（4th ed.）. CA: Sage publications.

Tyler, R. W.（2013）*Basic principles of curriculum and instruction*. Chicago, IL: University of Chicago

Press.

Vedung, E. (2020) Policy evaluation. *The SAGE Handbook of Political Science* (Vol. 3), p. 1080. London: SAGE Publications.

Wandall, J. (2011) "National Tests in Denmark: CAT as a pedagogic tool." https://www. testpublishers.org/assets/documents/JATT_Vol_12_special_3_CAT_as_a_ pedagogic_tool.pdf (2024/01/09 最終確認).

Wandall, J. (2013) "Education, Testing, and Validity: A Nordic Comparative Perspective," in M. Chatterji (Ed.), *Validity and Test Use: An International Dialogueon Educational Assessment, Accountability and Equity*, Bingley: Emerald Publishing.

あとがき

　多様性教育と聞いて、多くの人々がイメージするものとは異なる視点から本書を執筆した。従来の多様性教育の研究で扱われてきたのは、エスニシティや宗教、ジェンダーなどで、学力という側面から多様性を論じたものは非常に限られている。

　子どもたち一人ひとりが主体性をもって多様な人々と協働して学ぶことを目指すときに、どのように学力をとらえ、それを評価するのか。主体性と協働性とともに多様性が学力の三要素のひとつとなった現在の日本にとって、デンマークの教育と評価の実践は示唆に富んでいるのではないだろうか。

　とは言え、本書は十分な研究遂行ができなかったコロナ禍の3年をはさんだ5年間の研究成果をまとめたものに過ぎない。都留文科大学で担当した留学生対象の授業で、デンマークでは口頭試験が重視されていることを聞いて興味を持ち、そこではどのような問題が出されているのか、誰が作問しているのか、誰が採点するのか――と次々にわいてきた疑問に対する答えを求めて研究を行ってきた。そのため、個々の研究対象に対する考察は今後深く掘り下げていく必要がある。特に、本研究に関連する思想・哲学や歴史については、原典をあたりながら理解を深めていきたいと考えている。

　本書を執筆し刊行するにあたっては、多くの方々に助けていただいた。

　まず、デンマークをはじめ、北欧の教育に関する研究では、福田誠治・都留文科大学名誉教授、櫻場江利子・Aoba-Japan International School 教諭、浅川真知子・駒沢女子大学専任講師とのディスカッションを通じて多くの学びを得ることができた。毎月のように集まって、闊達な議論ができる貴重な関係性に感謝したい。また、福田先生に紹介してもらった東信堂の下田勝司社長がご尽力くださったおかげで、研究成果を形にすることができた。

164

　森下稔・東京海洋大学教授には、デンマークで口頭試験を見学できることになったから、という理由で、その時期の大学での授業をすべて引き受けてもらうなど、本書に係る研究の推進に関して様々なご配慮を賜った。大学教員として働きながら外国の教育実践に関する研究に打ち込むことができるという、得難い環境に恵まれている。

　そして、杉本均・佛教大学教授は、私が京都大学大学院に進学してから長年にわたり指導教員を務めてくださった。また、南部広孝・京都大学教授に現在もご指導いただけていることは、非常に幸運なことだと感じている。このお二人のもと、比較教育学研究室で実に多様な人々とともに学んだ経験が、本書で扱ったテーマの根底にあるのかもしれない。

　その他、デンマークでの調査をアレンジし、折に触れてアドバイスをしてくださった Britt Due Tiemensma・都留文科大学非常勤講師や、見学およびインタビューを引き受けてくださったデンマークの先生方には格別の支援を賜った。日本比較教育学会の大会や委員会などを通じて叱咤激励してくださった乾美紀・兵庫県立大学教授、鴨川明子・山梨大学准教授、鈴木賀映子・帝京大学准教授をはじめとするみなさまにも感謝を申し上げたい。特に、フィールドが異なる研究者の方々との交流は、研究に対する姿勢や思い、戦略など、いつも多くの刺激をもらうことができ、気持ちを新たに研究に取り組むきっかけを与えてくれる。コロナ禍によって思うような研究ができなかったときも、子育てを経験された先輩方が教科書研究などの文献研究の意義を示してくださった。大学院生や若手研究者の方々には、少しずつでいいから、研究仲間の輪を広げていってほしいと思う。研究は一人でもできるものではあるが、他の人と関わりあいながら進めていく方がおもしろい、というのがこの十数年の研究生活の結論のひとつである。2024 年時点で、ほとんどの学会大会は対面実施を再開している。オンラインでは難しかったような、各部会・分科会の終了後の立ち話や懇親会での交流などに参加してみてはどうだろうか。

　最後に、私事で恐縮ながら、これまで私を応援し支えてくれた家族にも感

謝の気持ちを伝えたい。本当にありがとう。

2024 年 3 月吉日

市川　桂

事項索引

人名索引

著者

市川 桂（いちかわ かつら）

1981年生まれ。2013年、京都大学大学院教育学研究科博士課程単位取得退学。現在、東京海洋大学学術研究院准教授。

専攻：比較教育学、アメリカ教育研究、デンマーク教育研究。

主要著作：森下稔・鴨川明子・市川桂編著『比較教育学のアカデミック・キャリア』（東信堂、2020年）、森下稔・市川桂・鴨川明子編著『第四版　理工系学生のための日本語表現法―SDGs時代の学びを拓く初年次教育』（東信堂、2022年）ほか。

デンマークの多様性教育

2024年3月20日　　初　版第1刷発行

〔検印省略〕
定価はカバーに表示してあります。

著者©市川桂／発行者 下田勝司

印刷・製本／中央精版印刷

東京都文京区向丘 1-20-6　　郵便振替 00110-6-37828
〒113-0023　TEL (03)3818-5521　FAX (03)3818-5514
発　行　所
株式会社 東信堂
Published by TOSHINDO PUBLISHING CO., LTD.
1-20-6, Mukougaoka, Bunkyo-ku, Tokyo, 113-0023, Japan
E-mail : tk203444@fsinet.or.jp　http://www.toshindo-pub.com

東信堂

※定価：表示価格（本体）＋税　　〒113-0023　東京都文京区向丘1-20-6　TEL 03-3818-5521　FAX03-3818-5514
Email tk203444@fsinet.or.jp　URL:http://www.toshindo-pub.com/

東信堂

東信堂